N. KROUPSKAÏA

SOUVENIRS SUR LÉNINE

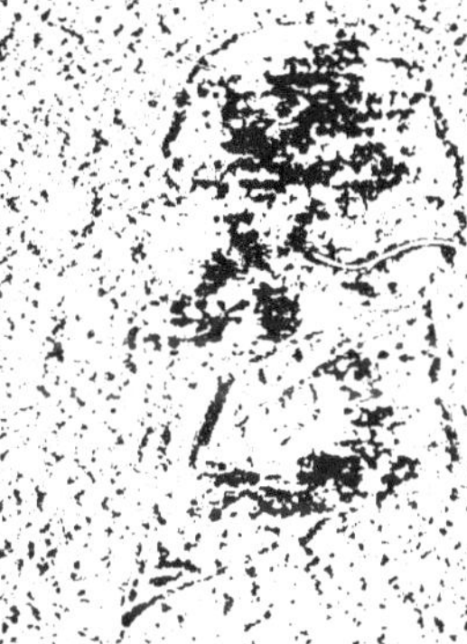

BUREAU D'ÉDITIONS
132, Faubourg Saint-Denis, Paris-X'

SOUVENIRS SUR LÉNINE

N. KROUPSKAÏA

SOUVENIRS SUR LÉNINE

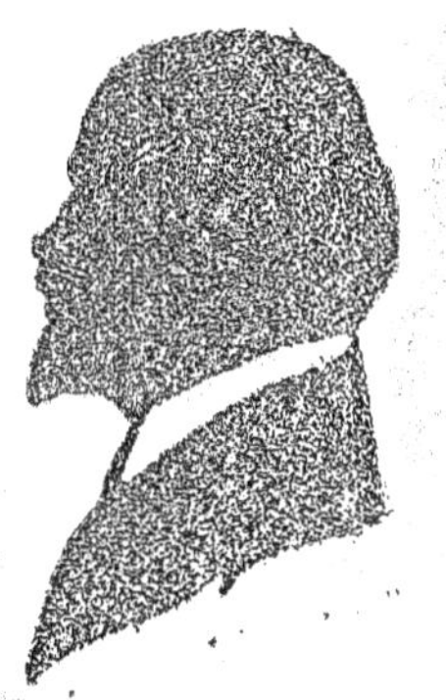

1930
BUREAU D'ÉDITIONS
132, Faubourg Saint-Denis, Paris-X'

Note de l'éditeur

L'ouvrage que nous offrons au public est la traduction d'un livre publié à Moscou et à Léningrad en 1926 par N. Kroupskaïa, qui fut pendant près de trente années la compagne de Lénine.

A ces « souvenirs » qui embrassent une période allant de 1893 à 1905, nous avons cru devoir ajouter trois articles parus dans une courte brochure de Kroupskaïa éditée à Moscou en 1925. De ces trois articles, l'un, très général (« Comment Lénine vivait à l'étranger »), décrit le genre de vie de Lénine émigré ; les deux autres ont trait au retour de Lénine à Pétrograd après la révolution de février-mars 1917 en Russie.

SOUVENIRS SUR LÉNINE

1893-1894

Vladimir Ilitch [1] arriva à Piter [2] en 1893, dans
le courant de l'automne, mais je ne fis sa connaissance que quelque temps après. J'avais entendu
dire à des camarades qu'un certain marxiste très
érudit venait d'arriver du Volga, puis on m'apporta un cahier intitulé *Des marchés*, qui paraissait avoir été lu et relu. On y trouvait, d'une part,
les points de vue de notre marxiste pétersbourgeois, le technologue Hermann Krassine; de
l'autre, ceux du nouveau venu du Volga. Ce cahier était plié en deux dans le sens de la longueur; sur l'une des moitiés, H. Krassine avait
exposé ses idées d'une écriture désordonnée, avec
force ratures et intercalations ; sur l'autre, le
nouveau venu avait inscrit soigneusement, d'un
seul jet, ses remarques et ses objections.

Nous tous, jeunes marxistes, nous nous inté-

---

1. Prénoms de Lénine.
2. Forme familière de Saint-Pétersbourg.

ressions alors au plus haut point à la question des marchés.

Un courant particulier s'était déjà cristallisé à cette époque dans les cercles marxistes pétersbourgeois. Ses représentants considéraient les processus du développement social comme quelque chose de mécanique, de schématique. Avec une semblable conception du développement social, le rôle des masses, du prolétariat, disparaissait complètement. La dialectique révolutionnaire du marxisme était balayée sans cérémonie, seules demeuraient les mortes « phases du développement ». Evidemment, chaque marxiste saurait maintenant réfuter ce point de vue «mécanique», mais, alors, nos cercles marxistes de Piter étaient fortement agités à ce sujet. Nous n'étions pas encore assez bien armés pour la controverse ; ainsi bon nombre d'entre nous ne connaissaient de Marx que le premier tome du *Capital* et n'avaient même jamais lu le *Manifeste communiste;* seul l'instinct leur faisait sentir que ce « mécanisme » était directement opposé au marxisme vivant.

La question des marchés était étroitement liée à cette question générale de la conception du marxisme, et elle était habituellement traitée d'une manière fort abstraite par les partisans du « mécanisme ».

Plus de trente ans se sont passés depuis.

Le cahier dont il est question n'a malheureusement pas été conservé.

Je ne puis parler que de l'impression qu'il produisit alors sur nous.

Le nouveau venu traitait la question des marchés d'une manière archiconcrète, il la liait aux intérêts des masses, l'imprégnait d'un marxisme réellement vivant, envisageant les faits dans leur milieu concret et dans leur développement.

J'éprouvais le désir de connaître plus intimement le nouveau venu et ses points de vue.

Je ne vis Vladimir Ilitch qu'à l'époque du carnaval. L'ingénieur Klasson, un des plus éminents marxistes pétersbourgeois, avec lequel je m'étais trouvée deux ans auparavant au cercle marxiste, avait décidé d'organiser chez lui, dans le quartier d'Okhta, une conférence de quelques marxistes de Piter avec le nouveau venu. En l'honneur de la conspiration, on avait fait des crêpes. Outre Vladimir Ilitch, cette entrevue réunissait Klasson, J. Korobko, Sérébrovsky, St. Radtchenko et quelques autres; Potressov et Strouvé devaient s'y trouver également, mais je crois qu'ils ne vinrent pas. Un fait est demeuré gravé dans ma mémoire. On parlait des moyens à prendre, et l'on n'arrivait pas à s'entendre sur ce sujet. Quelqu'un — Chevliaguine, me semble-t-il — vint à dire que l'action dans le comité de l'alphabétisme avait une grande importance. Vladimir Ilitch eut un rire sec et mauvais que je ne lui entendis jamais plus par la suite.

« Bah! s'il y en a qui veulent sauver la patrie par le comité de l'alphabétisme, à leur aise, nous ne les en empêcherons pas. »

Il convient de dire que notre génération avait été témoin dès l'adolescence de la lutte des membres de la *Narodnaïa Volia* avec le tsarisme, qu'elle avait constaté que la « société » libérale, après avoir accordé toute sa faveur à ce parti, avait prudemment tourné casaque après sa dissolution et, craignant le moindre bruit, s'était mise à prêcher les « œuvres minimes ».

La boutade acerbe de Vladimir Ilitch était compréhensible. Il était venu s'entendre avec les camarades afin de marcher tous ensemble à la lutte, et on lui répondait par un appel à la diffusion des brochures du comité de l'alphabétisme.

Plus tard, lorsque nous fîmes plus ample connaissance, Vladimir Ilitch me raconta un jour comment la « société » s'était comportée lors de l'arrestation de son frère aîné. La famille des Oulianov[1] se vit abandonner par tous ses amis; même le vieil instituteur, qui venait le soir faire sa partie d'échecs, cessa ses visites. A cette époque, il n'y avait pas encore de chemin de fer à Simbirsk, et la mère de Vladimir Ilitch devait prendre la diligence jusqu'à Syzrane pour se rendre à Piter où son fils était incarcéré. On envoya Vladimir Ilitch à la recherche d'un compagnon de route pour elle, personne ne voulut voyager avec la mère d'un détenu.

D'après Vladimir Ilitch, cette lâcheté générale produisit sur lui une très forte impression.

Et cette impression de sa jeunesse mit indubi-

---

1. *Oulianov* : nom véritable de Lénine.

tablement son empreinte sur les rapports de Vladimir Ilitch avec la « société », avec les libéraux. Il apprit de bonne heure à connaître le prix du verbiage libéral.

Dans le courant de l'automne de cette même année 1894, Vladimir Ilitch écrivait dans son article « Le contenu économique du populisme et sa critique dans le livre de Monsieur Strouvé » : « La bourgeoisie règne dans la vie et dans la société. Il semblerait qu'il y a lieu de se détourner de la société et d'aller à l'antipode de la bourgeoisie. »

Et plus loin :

« Vous [populistes]... attribuez l'intention de défendre les bourgeois à celui... qui exige des idéologues de la classe laborieuse une *rupture complète* avec ces éléments et un *culte exclusif* à celui qui « est différencié de la vie » de la société bourgeoise. »

On connaît le point de vue de Vladimir Ilitch sur les libéraux, sa méfiance à leur égard, son acharnement à dévoiler leur conduite... Je n'ai cité que quelques passages ayant trait à l'année où eut lieu la conférence chez Klasson.

Au cours de la soirée des crêpes, on n'arriva pas, bien entendu, à trouver un terrain d'entente. Vladimir Ilitch parlait peu et observait surtout ceux qui l'entouraient. Ces hommes, qui se targuaient de leur marxisme, se sentirent quelque peu gênés par ses regards inquisiteurs.

Je me souviens qu'au retour, en longeant la

Néva, on me parla pour la première fois du frère de Vladimir Ilitch.

Ce dernier avait une grande affection pour son frère. Ils avaient beaucoup de goûts communs, tous deux éprouvaient le même besoin de solitude prolongée leur permettant de concentrer leur esprit. Ils demeuraient ordinairement ensemble, à un certain moment dans un pavillon séparé, et lorsque quelqu'un de leurs nombreux cousins ou cousines venait les voir, les jeunes gens les accueillaient avec leur phrase favorite: « Votre absence me ferait le plus grand plaisir. » Les deux frères avaient le goût du labeur acharné, tous deux étaient animés du même esprit révolutionnaire. Mais la différence d'âge se faisait vraisemblablement sentir. Alexandre Ilitch n'abordait pas tous les sujets avec Vladimir Ilitch.

Celui-ci me rapportait ce fait:

Son frère étudiait les sciences naturelles. Pendant le dernier été qu'il passa chez ses parents, il prépara une dissertation sur les vers annelés et dut se servir continuellement du microscope. Pour utiliser le maximum de lumière, il se levait à l'aurore et se mettait aussitôt au travail. « Non, se disait en lui-même Vladimir Ilitch, jamais mon frère ne fera un révolutionnaire, car un révolutionnaire ne saurait consacrer autant de temps à l'étude des vers annelés. » Il devait bientôt s'apercevoir qu'il s'était trompé.

Le sort de son frère eut sans nul doute une profonde influence sur Vladimir Ilitch. Le fait que celui-ci réfléchissait déjà beaucoup à cette époque et résolvait pour sa part la question de la nécessité de la lutte révolutionnaire joua également un rôle considérable dans ce sens.

S'il en eût été autrement, le sort de son frère ne lui eût probablement causé qu'une peine profonde ou, dans le meilleur des cas, l'eût poussé à marcher sur les traces de son aîné. En l'occurrence, il aiguisa le travail de sa pensée, développa en lui un bon sens extraordinaire, lui apprit à regarder la vérité en face, à ne pas se laisser entraîner un seul instant par la phrase, l'illusion, et lui inculqua la plus grande loyauté dans l'étude de toutes les questions.

1894-1898

Dans le courant de l'automne de 1894, Vladimir
Ilitch fit dans notre cercle la lecture de son ouvrage les *Amis du peuple*. Je me souviens de l'intérêt éveillé par ce livre, qui exposait le but de
la lutte avec un relief étonnant. Tirés à la polycopie, les *Amis du peuple* passèrent de main en
main sous le nom de *Cahiers jaunes*. Ils n'étaient
pas signés. On les lisait dans un cercle assez
étendu et ils exercèrent assurément une forte influence sur la jeunesse marxiste de l'époque.
Lorsque je me trouvais à Poltava en 1896, P. Roumiantsev, qui était alors un social-démocrate
actif, tout récemment sorti de prison, caractérisa
les *Amis du peuple* comme la formule la meilleure, la plus forte et la plus complète du point
de vue de la social-démocratie révolutionnaire.

Pendant l'hiver de 1894-1895, je fis plus ample
connaissance avec Vladimir Ilitch. Il s'occupait
des cercles ouvriers au delà de la Porte Nevsky;
quant à moi, depuis quatre ans je donnais des

leçons dans le même quartier à l'école de Smolensky, dont les cours avaient lieu tous les dimanches soir, de sorte que je connaissais assez
bien la vie de l'endroit. Un grand nombre d'ouvriers faisant partie des cercles dont s'occupait
Vladimir Ilitch fréquentaient l'école du dimanche où j'enseignais : Babouchkine, Borovkov,
Gribakine, Arsène et Philippe Bodrov, Joukov,
etc. A cette époque, l'école du dimanche soir était
un excellent moyen de prendre contact avec la vie
quotidienne, les conditions de travail, l'état d'esprit de la masse ouvrière. L'école Smolensky recevait 600 personnes, sans compter les cours
techniques du soir et ses annexes, les écoles de
femmes et d'Oboukhovo.

Il faut dire que les ouvriers témoignaient une
confiance illimitée à leurs « institutrices » : le
morose gardien des chantiers de bois Gromov
venait annoncer d'un air radieux à son institutrice la naissance de son fils ; heureux de savoir
lire et écrire, un ouvrier poitrinaire du textile
la remerciait en lui souhaitant un bon mari ;
un sectaire ayant cherché Dieu toute sa vie écrivait avec satisfaction qu'il venait d'apprendre
par Roudakov (un autre élève de l'école) qu'il
n'y a pas de Dieu et qu'il se sentait soulagé d'un
grand poids, car il n'y a rien de pire que d'être
esclave de Dieu, il vaut mieux être esclave de
l'homme, contre lequel il est au moins possible
de lutter ; un ouvrier de la manufacture de
tabac, qui s'enivrait tous les dimanches jusqu'à
en perdre la raison et qui empestait tellement

le tabac qu'il suffisait de se pencher sur son
cahier pour en avoir le cœur soulevé, griffonnait,
en oubliant les voyelles, qu'on avait trouvé dans
la rue une fillette de trois ans, qu'on l'avait recueillie à la cantine ouvrière et qu'il faudrait la
remettre à la police, mais que cela leur faisait
de la peine ; un soldat retraité, sautillant sur
son unique jambe, venait nous apprendre que
Mikhaïla, un élève de l'année précédente, s'était
tué de travail, qu'il était mort en parlant de nous
et l'avait chargé de venir nous saluer de sa part
et nous souhaiter longue vie ; un ouvrier fileur,
auparavant dévoué corps et âme au tsar et aux
popes, nous recommandait de « nous méfier de
Gorokhovaïa [1] » ; un ouvrier âgé expliquait qu'il
ne pouvait d'aucune façon donner sa démission
de marguillier « parce que les popes trompent
salement le peuple et qu'il faut les faire voir
tels qu'ils sont, mais qu'il n'était nullement partisan de l'Eglise et qu'il comprenait parfaitement
les phases du développement », etc., etc.

Les ouvriers appartenant à l'organisation fréquentaient l'école afin d'observer le peuple et de
voir ceux qu'ils pouvaient attirer dans les cercles, dans l'organisation. Ils faisaient des dis-
tinctions entre les institutrices et savaient dis-
cerner le degré de préparation de chacune d'elles.
S'ils estimaient qu'une institutrice était « des
leurs », ils se faisaient reconnaître par une
phrase quelconque, en disant par exemple au

---

1. Siège de la Sûreté.

sujet de l'industrie artisane : « L'artisan ne peut soutenir la concurrence avec la grande production », ou bien en posant une question : « Quelle différence y -t-il entre l'ouvrier péters-bourgeois et le moujik d'Arkhangel ? » Après cela, ils avaient une façon particulière de regarder l'institutrice et de la saluer, qui voulait dire : « Elle est des nôtres, celle-là ».

S'il se passait quelque chose à l'usine, ils nous le rapportaient aussitôt, sachant bien que nous en avertirions l'organisation. On eût dit qu'un accord tacite existait entre nous.

En somme, on pouvait parler de tout à l'école en dépit de la présence d'un ou deux mouchards dans presque toutes les classes ; du moment que l'on ne prononçait par les terribles mots « tsar », « grève », etc., on pouvait aborder les questions les plus essentielles. Mais, officiellement, il était interdit de parler de quoi que ce fût : un groupe dit de récapitulation fut licencié un jour parce qu'un inspecteur, survenu brusquement, avait découvert qu'on y enseignait les fractions déci-males, alors que le programme ne comportait que les quatre règles.

Je demeurais à cette époque dans le quartier de Staro-Nevsky, dans une maison donnant sur une cour de passage, et Vladimir Ilitch, en ren-trant le dimanche de ses séances au cercle, ve-nait ordinairement me voir et nous nous lan-cions dans des causeries interminables. J'étais possédée en ce temps-là de l'amour de l'école, et j'aurais pu me passer de manger plutôt que de me faire sur mes cours, mes élèves, les usines Sémiannikov, Thornton, Maxwell et autres de notre quartier.

Vladimir Ilitch s'intéressait à chaque détail de la vie ouvrière; à l'aide de ces menus traits, il s'efforçait d'embrasser la vie de l'ouvrier dans son ensemble, de trouver le joint par où la propagande révolutionnaire pourrait le mieux pénétrer jusqu'à lui. La plupart des intellectuels de l'époque connaissaient mal les ouvriers. Ils se contentaient de venir faire dans les cercles des sortes de conférences. Pendant longtemps on y étudia une traduction manuscrite de *la Famille, la Propriété et l'Etat* d'Engels. Vladimir Ilitch lisait le *Capital* de Marx avec les ouvriers, il leur en faisait des commentaires et passait la seconde partie de sa conférence à questionner ses auditeurs sur leur labeur, leurs conditions de travail ; il leur montrait la liaison existant entre leur vie et toute la structure de la société et leur indiquait le moyen de transformer l'ordre existant. Ce qui distinguait le travail de Vladimir Ilitch dans les cercles, c'est qu'il savait unir la théorie et la pratique. Peu à peu les autres membres de notre groupe adoptèrent également cette méthode. L'année suivante, lorsque parut la brochure de Vilna *De l'agitation*, la préparation de l'agitation au moyen de tracts était entièrement achevée et il ne restait plus qu'à se mettre au travail. La méthode de l'agitation sur la base des besoins quotidiens de l'ouvrier s'enracina profondément parmi nous. Je n'en appréciai par-

faitement les résultats féconds que bien plus
tard, lorsque j'eus émigré en France et que, au
moment de la grande grève des postiers à Paris,
je pus constater que le Parti socialiste français
se tenait entièrement à l'écart et n'intervenait
d'aucune façon, estimant que cela regardait les
syndicats et que le Parti ne devait s'occuper que
de la lutte politique. Il ne se rendait nullement
compte de la nécessité de la liaison de la lutte
économique et politique.

Voyant l'effet obtenu par l'agitation au moyen
des tracts, un certain nombre de camarades qui
travaillaient alors à Piter oublièrent, dans leur
engouement pour cette forme d'action, qu'elle
n'était qu'une partie du travail parmi les masses,
et ils s'engagèrent dans la voie du fameux
« économisme [1] ».

Vladimir Ilitch ne perdit jamais de vue les
autres formes de travail. En 1895, il écrivit sa
brochure : *Explication de la loi sur les amendes
infligées aux ouvriers des usines*, dans laquelle il
enseignait de la façon la plus brillante comment
il fallait se rapprocher de l'ouvrier moyen de
l'époque et, prenant ses besoins comme point
de départ, l'amener progressivement à la question
de la nécessité de la lutte politique. Nombre d'intellectuels trouvèrent cette brochure ennuyeuse
et prolixe, mais les ouvriers la lurent avec avidité, car elle leur était accessible et familière

---

1. Courant opportuniste de la social-démocratie russe
qui voulait réduire le mouvement à la lutte pour les re-
vendications purement économiques.

(elle avait été tirée dans une imprimerie de la
Narodnaïa Volia et répandue parmi les ouvriers).
A cette époque, Vladimir Ilitch étudiait minutieusement les lois concernant les fabriques, estimant que leur interprétation facilitait singulièrement la démonstration aux ouvriers de la con-
nexion existant entre leur situation et l'organisation de l'Etat. On retrouve les traces de cette
étude dans une série de brochures écrites à cette
époque pour les ouvriers, dans la *Nouvelle loi
usinière*, dans les articles « Des grèves », « Des
tribunaux industriels », etc.

Mais on ne fréquentait pas impunément les
cercles ouvriers ; nous fûmes bientôt filés d'une
façon suivie. De tout notre groupe, Vladimir était
le plus ferré dans l'art de la conspiration : il
connaissait toutes les cours à double issue, excel-
lait à dépister les espions, nous apprenait à écrire
dans les livres au moyen de l'encre sympathique,
de points, de signes conventionnels, imaginait
toute sorte de noms de guerre. Tout décelait
en lui l'excellente école de la *Narodnaïa Volia*.
Aussi avait-il en haute estime un vieux membre
de ce parti, Mikhaïlov, qui, pour sa maîtrise
dans l'art de la conspiration, avait été surnommé le « portier ». La filature devenait de plus
en plus serrée et Vladimir Ilitch insistait pour
faire désigner un « successeur » qui ne fût pas
filé et que l'on pût charger des liaisons. Comme
j'étais la moins suspecte, on résolut de me confier cette tâche. Le jour de Pâques, nous partîmes au nombre de cinq ou six pour Tsarskoïé-

Sélo pour « célébrer la fête » chez un des membres de notre groupe, Silvine, qui y était logé au pair. On voyagea chacun de son côté comme des inconnus. Nous passâmes presque toute la journée à discuter des liaisons qu'il importait de maintenir. Vladimir Ilitch nous initia au chiffrage, et nous chiffrâmes sous sa direction presque la moitié d'un livre. Hélas ! Quand je voulus, plus tard, déchiffrer ce premier essai collectif, il me fut impossible d'y arriver. Je me consolai à la pensée que ce travail avait alors beaucoup perdu de son utilité, la plus grande partie des « liaisons » étant déjà détruites.

Vladimir Ilitch rassemblait soigneusement ces « liaisons », dénichant partout des personnes capables, d'une manière ou de l'autre, d'être employées au travail révolutionnaire. Je me souviens de la conférence qui eut lieu un jour, sur son initiative, entre les représentants de notre groupe (Vladimir Ilitch et, me semble-t-il, Krjijanovsky) et un groupe d'institutrices de notre école dominicale. Presque toutes adhérèrent par la suite au Parti social-démocrate.

Parmi elles se trouvait Lydie Mikhaïlovna Knipovitch, anciennement membre de la *Narodnaïa Volia*, et qui passa quelque temps après aux social-démocrates. Les vieux militants du Parti se souviennent d'elle. Animée d'un esprit révolutionnaire exceptionnel, sévère pour elle-même et pour les autres, ayant une connaissance parfaite des gens, excellente camarade entourant d'affection et de soins ses compagnons de travail, Lydie apprécia immédiatement le révolutionnaire en Vladimir Ilitch. Elle se chargea des rapports avec la typographie de la *Narodnaia Volia:* elle traitait avec celle-ci, transmettait les manuscrits, recevait les brochures imprimées, en transportait de pleins paniers chez ses amis, en organisait la diffusion parmi les ouvriers. Lorsqu'elle fut arrêtée sur la dénonciation d'un traître — un des compositeurs de la typographie — on confisqua chez plusieurs personnes que Lydie fréquentait, douze paniers remplis de brochures clandestines.

La *Narodnaia Volia* imprimait alors de grandes quantités de brochures pour les ouvriers : *la Journée ouvrière, De quoi vivent les uns et les autres,* la brochure de Vladimir Ilitch *Des amendes, le Tsar-Famine,* etc.

Chapovalov et Katanskaïa, membres de la *Narodnaia Volia* qui travaillaient à l'imprimerie de Lakhta, sont maintenant dans les rangs du Parti communiste.

Lydie Mikhaïlovna n'est plus de ce monde. Elle est morte en 1920 au moment où la Crimée, qu'elle habitait les dernières années de sa vie, était occupée par les gardes blancs. Sur son lit de mort, tout son être s'élançait vers les siens, vers les communistes, et elle mourut en prononçant le nom de ce parti qui lui était si cher.

Du côté des institutrices il y avait encore, je crois, P. Koudéli, A. Mestchériakova (toutes deux sont maintenant membres du Parti) et quelques autres.

Alexandra Mikhaïlovna Kalmykova, une excellente conférencière (je me souviens de ses conférences aux ouvriers sur le budget de l'Etat), qui possédait alors une librairie sur la perspective [1] Litéïny, enseignait aussi dans les écoles au delà de la porte Nevsky. Vladimir Ilitch se lia également avec elle à cette époque. Strouvé était son élève ; Potressov, camarade de collège de ce dernier, fréquentait aussi chez elle. Plus tard, Alexandra Mikhaïlovna alimenta de ses deniers l'ancienne *Iskra* jusqu'au II° congrès. Elle ne suivit pas Strouvé lorsqu'il passa aux libéraux et se voua entièrement à l'organisation de l'*Iskra*. Son nom de guerre était « la Tante ». Elle avait une grande sympathie pour Vladimir Ilitch. Elle est morte à présent, après être restée alitée pendant deux ans au sanatorium de Diétskoïé-Sélo [2]. Les petits pensionnaires des maisons d'enfants voisines venaient parfois la voir. Elle leur parlait d'Ilitch. Elle m'écrivit au printemps de 1924 pour me conseiller d'éditer en brochure spéciales les articles débordant d'ardeur enflammée écrits par Vladimir Ilitch en 1917, ses appels frémissants qui, à cette époque, impressionnaient tellement les masses. En 1922, Vladimir Ilitch lui adressa quelques lignes empreintes de cette cordialité dont il avait seul le secret. Alexandra Mikhaïlovna était étroitement liée au groupe

---

1. Perspective : rue de premier ordre, large, droite.
2. Anciennement Tsarskoïé-Sélo.

Libération du Travail[1]. A un certain moment
(en 1899, je crois), à l'époque du voyage en Russie
de Véra Zassoulitch, Alexandra Mikhaïlovna
l'avait installée clandestinement et la voyait souvent.

Sous l'influence du mouvement ouvrier nais-
sant, des articles et des livres du groupe Libération du Travail, sous celle des social-démocrates pétersbourgeois, Potressov évolua vers la
gauche ; il en fut de même, mais pour un temps
seulement, de Strouvé. Après quelques réunions
préliminaires, on trouva enfin un terrain d'entente pour le travail en commun. On décida d'é-
diter ensemble un recueil intitulé *Documentation pour la caractéristique de notre développement économique*. Les membres de la rédaction
étaient, pour notre groupe, Vladimir Ilitch, Starkov et Stépane Ivanovitch Radtchenko, et, pour
l'autre partie, Strouvé, Potressov et Klasson. On
connaît le sort de ce recueil, qui fut brûlé par
la censure tsariste. Dans le courant du printemps
de 1895, avant son départ pour l'étranger, Vladimir Ilitch se rendait assidument dans la rue
Oziorny, où Potressov habitait alors, pour achever ce travail le plus rapidement possible.

Vladimir Ilitch passa l'été de 1895 à l'étranger,
moitié à Berlin, où il fréquentait les réunions
ouvrières, moitié en Suisse où il vit pour la pre-

1. Organisation social-démocrate fondée en 1883 par
Plékhanov, Axelrod, Véra Zassoulitch, Léo Deutch et
Ignatov et qui joua un grand rôle dans l'histoire de la
social-démocratie russe.

mière fois Plékhanov, Axelrod, Zassoulitch. Il
revint bour:é d'impressions, ramenant avec lui
une valise à double fond dans laquelle on avait
dissimulé de la littérature illégale.

Une filature forcenée s'organisa aussitôt autour de Vladimir Ilitch et de la valise. J'avais
une cousine employée au Bureau des adresses.
Quelques jours après le retour de Vladimir Ilitch,
elle me raconta qu'une nuit, où elle était
de service, un policier était venu consulter les adresses et s'était vanté d'être tombé
sur la piste d'Oulianov, criminel d'Etat fameux,
dont le frère avait été pendu, qui venait d'arriver de l'étranger et qui, maintenant, ne leur
échapperait plus. Sachant que je connaissais Vladimir Ilitch, ma cousine s'empressa de me faire
part de ce fait. Bien entendu, je prévins immédiatement l'intéressé. Il fallut redoubler de pru-
dence. Cependant l'action se développait et ne
souffrait pas de retard.

On procéda à la division du travail par rayons.
On commença par la rédaction et la diffusion
des tracts. Je me souviens que Vladimir Ilitch
rédigea le premier tract destiné aux ouvriers de
l'usine Sémiannikov. Nous n'avions alors aucune
idée de la technique. Le tract fut recopié à la main
en caractères d'imprimerie et fut distribué par
Babouchkine. Deux des quatre exemplaires éta-
blis furent saisis par des gardiens, les deux autres passèrent de main en main. On distribua
également des tracts dans les autres rayons.
Ainsi, dans celui de Vassili-Ostrov, on en rédigea

un pour les ouvrières de la manufacture de tabac Laferme. Pour les distribuer, A. Iakoubova et Z. Nievzorova (Krjijanovskaïa) eurent recours au procédé suivant. Après avoir roulé les tracts en petits tubes faciles à prendre un par un, elles les dissimulèrent dans leur tablier et, dès que retentit la sirène, elles s'élancèrent au-devant de la foule compacte sortant des portes de l'usine et, tout en courant, glissèrent leurs rouleaux dans les mains des ouvrières ahuries. Le tract eut du succès. Tracts et brochures secouaient les ouvriers.

On décida encore d'éditer — vu qu'on avait une imprimerie clandestine à sa disposition — une revue populaire intitulée *Rabotchéïé Diélo* (la Cause ouvrière). Vladimir Ilitch en prépara soigneusement la documentation. Chaque ligne passait par ses mains. Je me souviens d'une réunion qui eut lieu chez moi, pendant laquelle Zaporojetz s'étendit avec une animation extraordinaire sur la documentation qu'il avait réussi à recueillir sur une fabrique de chaussures au delà de la Porte Moskovsky. « On vous y colle des amendes à tout propos, disait-il, un talon mis de travers, et voilà une amende. » Vladimir Ilitch se mit à rire: « Ah! bien, mais il me semble que, dans ce cas-là, on n'a pas tout à fait tort. »

Vladimir Ilitch apportait le plus grand soin à la collection et au contrôle de sa documentation. Je me rappelle, par exemple, comment fut recueillie la documentation sur l'usine Thornton. Je

fus chargée de faire venir chez moi un de mes
élèves, Krolikov, trieur à cette usine, déjà frappé
auparavant d'une interdiction de séjour, et d'obtenir de lui tous les renseignements nécessaires
suivant un plan tracé d'avance par Vladimir
Ilitch. Krolikov arriva revêtu d'une pelisse élégante qu'il avait empruntée et m'apporta tout un
cahier de notes qu'il compléta verbalement. Ces
notes étaient fort précieuses et Vladimir Ilitch
se mit à les lire avec avidité. Ensuite, Apolline
Alexandrovna Iakoubova et moi, vêtues comme
des ouvrières et la tête dûment couverte d'un
fichu noué sous le menton, nous nous rendîmes
dans les dortoirs de l'usine Thornton, dont nous
visitâmes la partie réservée aux célibataires et
celle attribuée aux ménages. C'était un milieu
épouvantable.

C'était seulement après s'être documenté de
la sorte que Vladimir Ilitch rédigeait ses correspondances et ses tracts. Que l'on prenne celui
qui fut adressé aux ouvriers et ouvrières de
l'usine Thornton, quelle connaissance détaillée
de la cause ne révèle-t-il pas! Et quel enseigne-
ment cela constituait pour tous les militants
d'alors! C'est bien à cette école que l'on formait
« l'attention aux petits détails ». Et comme ces
détails se gravaient dans l'esprit!

Notre *Rabotchéié Diélo* ne vit pas le jour. Le
8 décembre, on se réunit chez moi pour la dernière revision du numéro prêt pour l'impression,
établi en deux exemplaires. Vaniéev emporta l'un
des exemplaires pour y faire les dernières retou-

ches, je gardai l'autre. Le lendemain matin, je me rendis chez Vanićev pour prendre l'exemplaire corrigé, mais la servante me dit qu'il avait déménagé la veille. Je m'étais entendue auparavant avec Vladimir Ilitch pour aller aux renseignements, en cas d'alerte, auprès d'un de ses amis, Tchébotarev, employé comme moi à l'administration centrale des chemins de fer. Vladimir Ilitch prenait ses repas chez lui. Tchébotarev ne vint pas au bureau ce jour-là. J'allai le trouver chez lui. Vladimir Ilitch n'était pas venu dîner: il était évidemment arrêté. Nous apprîmes dans la soirée qu'on avait appréhendé un grand nombre de membres de notre groupe. Je confiai l'exemplaire restant du *Rabotchéïé Diélo* à ma camarade de lycée, Nina Alexandrovna Herd, qui fut plus tard la femme de Strouvé. Pour éviter de nouvelles arrestations, on décida de ne pas faire paraître la revue pour l'instant.

Cette période de l'activité de Vladimir Ilitch fut une période de travail extrêmement important, mais, en somme, de travail caché, imperceptible, sans effet apparent, comme il l'a lui-même caractérisé. Il ne s'agissait pas alors d'accomplir des actions d'éclat, mais d'organiser un contact étroit avec la masse, d'apprendre à se faire l'interprète de ses meilleures aspirations, à se mettre à sa portée et à l'entraîner avec soi. Et c'est précisément cette période passée à Saint-Pétersbourg qui fit de Vladimir Ilitch le chef de la masse ouvrière.

Lorsque je me rendis pour la première fois

à mon école après l'arrestation des camarades, Babouchkine m'attira dans un coin sous l'escalier et me remit un tract d'un caractère purement politique écrit par les ouvriers au sujet de ce coup de force. Il me pria de transmettre le tract au service technique pour le faire diffuser ensuite. Jusqu'alors il n'avait jamais été question entre nous de mes attaches à l'organisation. Je remis le tract à notre groupe. Je me souviens de cette réunion, qui se tint chez St. Radtchenko et à laquelle assistèrent tous les membres restants. Après en avoir pris connaissance, Liakhovsky s'écria: « Mais il est impossible de faire imprimer ce tract, il concerne un sujet purement politique! » Cependant, comme il avait été rédigé incontestablement par des ouvriers, sur leur initiative propre, et qu'ils insistaient pour le faire imprimer, on décida de l'envoyer à l'imprimerie. Ce qui fut fait.

On put rapidement se mettre en rapports avec Vladimir Ilitch. A cette époque, on pouvait faire remettre aux accusés détenus préventivement autant de livres qu'ils en désiraient. Ces livres étaient soumis à une visite assez superficielle, insuffisante pour faire remarquer les points imperceptibles mis au milieu des lettres ou la légère altération de la couleur du papier dans un volume où l'on avait écrit avec du lait. Nous nous perfectionnâmes rapidement dans l'art de la correspondance clandestine.

La sollicitude de Vladimir Ilitch pour les camarades emprisonnés était extraordinaire. Chacune

des lettres qu'il adressait à l'extérieur contenait toute une série de recommandations concernant les détenus: un tel ne recevait pas de visites, il fallait lui trouver une « fiancée »; on
devait charger l'un des parents de tel autre de lui
dire de chercher une lettre à telle page de tel
livre de la bibliothèque de la prison; il fallait
procurer des chaussures chaudes à un troisième,
etc.

Il entretenait avec un grand nombre de camarades détenus une correspondance à laquelle ils
attachaient beaucoup de prix. Ses lettres étaient
pleines d'entrain et poussaient à l'action. En les
lisant, on oubliait la captivité et l'on se mettait
aussi à travailler.

Je me souviens de l'impression que ces lettres
produisirent sur moi (en août 1896, je fus incar-
cérée à mon tour).

Les lettres écrites avec du lait arrivaient de
l'extérieur le samedi, jour où l'on était auto-
risé à recevoir des livres.

Un coup d'œil jeté sur les signes conventionnels de l'un des volumes m'apprenait qu'il contenait une lettre. A six heures, avait lieu la dis-
tribution de l'eau bouillante pour le thé, puis la
surveillante menait les détenues de droit commun à l'église. A ce moment, je découpais la
lettre en bandelettes, j'infusais le thé et, aussitôt après le départ de la surveillante, je plon-
geais les bandelettes une à une dans le thé, les
caractères apparaissaient (il n'était guère possible en prison de développer les lettres à la bou-

gie et Vladimir Ilitch avait imaginé le procédé de l'eau chaude), et je me sentais soulevée par l'entrain communicatif dont ces lettres étaient imprégnées.

Libre, Vladimir Ilitch se trouvait au centre de l'action; en prison, il concentrait de même tous les rapports avec l'extérieur.

En outre, il travaillait beaucoup en prison. C'est là qu'il prépara le *Développement du capitalisme*. Dans les lettres autorisées, il réclamait la documentation nécessaire, des recueils de statistique. « Quel dommage, disait-il en plaisantant, on m'a libéré trop tôt, on aurait dû me laisser encore un peu achever mon ouvrage, j'aurai de la peine à me procurer des livres en Sibérie. » Pendant sa détention, il n'écrivit pas seulement le *Développement du capitalisme*, mais encore des tracts, des brochures illégales, un projet de programme pour le 1ᵉʳ congrès du Parti (qui n'eut lieu qu'en 1898, mais aurait dû être tenu bien avant), il se prononçait également sur toutes les questions discutées dans l'organisation.

Pour ne pas être surpris pendant qu'il écrivait avec du lait, Vladimir Ilitch confectionnait de petits encriers avec de la mie de pain, qu'il avalait vivement dès que le guichet s'ouvrait. « Aujourd'hui, j'ai mangé six encriers », ajoutait-il en post-scriptum dans une lettre.

Mais en dépit de l'empire qu'il avait sur lui-même et de la discipline qu'il s'était imposée, le séjour de la prison avait apparemment fini par entamer son moral. Dans une de ses lettres, il développa le plan suivant. Quand les détenus étaient menés à la promenade réglementaire, ils pouvaient apercevoir un instant, de l'une des fenêtres du couloir, un bout du trottoir de la rue Chpalernaïa. Il avait donc imaginé de nous prier, Apolline Alexandrovna Iakoubova et moi, de nous tenir à une certaine heure à cet endroit du trottoir afin qu'il pût nous voir. Apolline se trouva empêchée de venir; quant à moi, je me rendis plusieurs jours de suite à l'endroit désigné et y stationnai longuement. Mais le plan rata, je ne me souviens plus pour quelle raison.

Pendant la détention de Vladimir Ilitch, l'action continuait à s'étendre, le mouvement ouvrier se développait avec une rapidité incroyable. Après l'arrestation de Martov, Liakhovsky et autres, les forces du groupe diminuèrent encore. De nouveaux camarades venaient, il est vrai, en grossir les rangs, mais leur idéologie était bien plus faible, et on n'avait plus le temps de s'instruire, le mouvement réclamait toutes les forces disponibles, on devait se donner tout entier à l'agitation. Quant à la propagande, il ne fallait plus y songer. L'agitation au moyen de tracts jouissait d'un grand succès. Il nous arrivait fréquemment de rédiger les tracts à la hâte, sans une étude suffisante des conditions concrètes. La grève des tisserands en 1896 eut lieu sous l'influence des social-démocrates et tourna la tête à bien des gens. Le terrain était propice à l'éclosion de l'économisme. Je me souviens qu'un jour (je crois que c'était dans le début du mois d'août), au cours d'une réunion dans la forêt de Pavlovsk, Silvine lisait à haute voix le projet d'un tract. Il arriva à une phrase limitant carrément le mouvement ouvrier à la seule lutte économique. Silvine s'arrêta net. « Non, elle est trop forte, celle-là, comment ai-je pu me fourvoyer à ce point! » dit-il en riant. La phrase fut supprimée. Pendant l'été de 1896, l'imprimerie de Lakhta fut fermée par la police; il ne fut pas possible d'imprimer nos brochures et l'on dut laisser de côté pendant longtemps l'idée de la revue.

Au cours de la grève de 1896, notre groupe s'augmenta de celui de Takhtarev, connu sous le nom de guerre de « singes », et du groupe de Tchernychov, surnommé « les coqs[1] ». Mais, tant que les « décembristes[2] » demeurèrent en prison et entretinrent la liaison avec l'extérieur, le travail suivit son cours habituel. Quand Vladimir Ilitch sortit de prison, j'étais encore internée. Malgré le tourbillon étourdissant qui happe un homme après sa libération, malgré les réunions continuelles, il trouva le moyen de m'écrire un mot sur ce qui se passait. Ma mère me disait

---

1. Le 12 août eurent lieu de nouvelles arrestations : presque tous les « vieux » et les meilleurs éléments parmi les « coqs » furent appréhendés.

2. Nom donné par plaisanterie au groupe de camarades arrêtés en décembre 1895.

qu'il avait une mine excellente et qu'il était très
gai.

Je fus relâchée peu de temps après l'affaire
de Viétrova, (détenue politique qui s'était brû-
lée vive dans la forteresse où elle était internée).
Les gendarmes relâchèrent à ce moment un
grand nombre de femmes détenues préventivement et les laissèrent à Piter jusqu'à leur juge-
ment en mettant à leurs trousses des espions
chargés de les suivre partout. Je trouvai l'organisation dans un état lamentable. Il ne restait
plus des anciens militants que Stépane
Radtchenko et sa femme. Il ne pouvait déjà plus
contribuer pour sa part au travail clandestin,
mais il en était toujours le centre et maintenait
la liaison, entre autres avec Strouvé. Celui-ci
épousa bientôt N. Herd, du Parti social-démocrate; lui-même, à cette époque, était social-dé-
mocratisant. Il était absolument incapable de
travailler dans une organisation, et d'autant plus
dans une organisation clandestine, mais il était
évidemment flatté qu'on eût recours à ses lumières. Il rédigea même un manifeste pour le premier congrès du Parti ouvrier social-démocrate.
Dans le courant de l'hiver 1897-1898, j'allai souvent trouver Strouvé de la part de Vladimir
Ilitch — c'était à l'époque où Strouvé éditait le
Novoié Slovo — j'étais d'ailleurs très liée avec
sa femme. Je l'observais attentivement. C'était
alors un social-démocrate sincère, mais j'étais
déroutée par son esprit livresque et le peu d'intérêt qu'il portait à « l'arbre vivant de la vie »,

intérêt si vif chez Vladimir Ilitch. Strouvé me
procura une traduction et se chargea de la rédiger. C'était, de toute évidence, un travail qui lui
pesait et le fatiguait promptement (alors que
Vladimir Ilitch passait avec moi des heures
entières à une occupation analogue, travaillant
d'ailleurs d'une manière toute différente, se donnant entièrement à ce qu'il faisait, même lorsqu'il s'agissait d'une traduction). Pour se repo-
ser, Strouvé se mettait à lire Fet [1]. Quelqu'un
a dit quelque part dans ses mémoires que Vladimir Ilitch aimait Fet. C'est inexact. Fet est
un partisan absolu du servage et rien dans ses
œuvres ne retient la sympathie; quant à Strouvé,
il avait en effet un goût prononcé pour cet
auteur. A cette époque, Strouvé entretenait
incontestablement les meilleures relations avec
Vladimir Ilitch.

Je connaissais également Tougan-Baranovsky.
J'avais fait mes classes avec sa femme, Lydie
Karlovna Davydova (fille de l'éditeur du *Bojii
Mir* (le Monde divin) et je fréquentais chez eux
à un moment donné. Lydie Karlovna était une
excellente femme, très intelligente, mais sans
volonté. Elle était plus intelligente que son mari,
dont la conversation faisait toujours sentir
l'homme d'un autre bord. Je lui présentai un
jour une feuille de souscription en faveur d'une
grève (celle de Kostroma, me semble-t-il). Je
reçus une certaine somme, mais dus entendre

1. Poète lyrique (1820-1892).

une dissertation se ramenant à peu près à ceci :
« Je ne vois pas pourquoi il faut soutenir les
grèves qui sont d'une efficacité insuffisante en
tant que moyen de lutte des ouvriers contre les
patrons ». Je pris l'argent et me sauvai au plus
vite.

J'écrivais à Vladimir Ilitch au sujet de tout ce
que je pouvais voir et entendre. Néanmoins, je
n'avais pas grand'chose à dire sur le travail de
l'organisation. A l'époque du congrès, nous
n'étions plus que quatre : Stéphane Radtchenko,
sa femme, Lioubov Nikolaevna, Sammer et moi.
Nous déléguâmes Radtchenko. Mais, au retour
du congrès, il ne nous communiqua que fort peu
de détails sur ce qui s'y était passé.

Je fus condamnée à trois ans de déportation
dans le gouvernement d'Oufa, mais je demandai à être envoyée dans le village de Chouchenskoïé, district de Minoussinsk, où Vladimir Ilitch
se trouvait déporté. A cet effet, je me fis passer
pour sa « fiancée ».

1898-1901

Ma mère avait désiré m'accompagner à
Minoussinsk, où je devais me rendre à mes frais.
Nous arrivâmes à Krasnoïarsk le 1ᵉʳ mai 1898;
nous devions de là remonter l'Iénisséi sur un
vapeur, mais la navigation était encore inter-
rompue. A Krasnoïarsk, je fis la connaissance
de Tioutchev, membre du *Narodnoïé Pravo*, et
de sa femme qui, en gens experts dans cette
sorte d'affaires, me ménagèrent une entrevue
avec un groupe de social-démocrates déportés
traversant la ville; parmi eux se trouvaient deux
camarades condamnés pour la même affaire que
moi: Lengnik et Silvine. Les soldats qui avaient
amené les déportés chez le photographe s'assi-
rent à l'écart et s'occupèrent à mastiquer le
pain et le saucisson que nous leur avions offerts.

A Minoussinsk, j'allai voir Arkadi Tyrkov,
déporté du Premier Mars [1], pour le saluer de la

1. On appelait « hommes du Premier Mars » les révolutionnaires qui avaient participé à l'exécution du tsar
Alexandre II le 1ᵉʳ mars 1881.

part de sa sœur, une de mes amies de lycée. Je rendis également visite à F. Kohn, que je me représentais nimbé de la gloire des vieux révolutionnaires irréductibles; il me plut extraordinairement.

Nous arrivâmes au crépuscule dans le village de Chouchenskoïé où demeurait Vladimir Ilitch. Ce dernier était alors à la chasse. Nous déchargeâmes nos bagages et l'on nous fit entrer dans l'isba. En Sibérie — dans le district de Minoussinsk — les maisons des paysans sont fort bien tenues, les planchers sont recouverts de tapis bariolés tissés à la main, les murs sont blanchis à la chaux et décorés de branches d'épicéa. La chambre de Vladimir Ilitch était également bien tenue, mais petite. Les propriétaires consentirent à nous céder, à maman et à moi, le reste de l'isba, qui se trouva bientôt envahie par toute la famille de nos hôtes et leurs voisins. Tout ce monde se mit à nous examiner et à nous questionner à qui mieux mieux.

Enfin, Vladimir Ilitch rentra. En approchant de la maison, il s'étonna de voir de la lumière dans sa chambre. Le propriétaire lui raconta que Oscar Alexandrovitch (un ouvrier pétersbourgeois déporté) était entré chez lui, pris de boisson, et lui avait mis ses livres sens dessus dessous. Ilitch s'élança sur le perron. A ce moment, je sortis de l'isba. Cette nuit-là, nous nous entretînmes longuement. Je trouvai à Ilitch une mine superbe, il respirait la santé.

Il n'y avait à Chouchenskoïé parmi les déportés

que deux ouvriers: le Polonais Prominsky, social-
démocrate de Lodz, chapelier, avec sa femme
et ses deux enfants, et Engberg, ouvrier des
usines Poutilov, de nationalité finlandaise. Tous
deux étaient d'excellents camarades. Prominsky
était un homme calme, bien équilibré, mais très
ferme. Il n'avait pas beaucoup lu et ne savait
pas grand'chose, mais il était doué d'un instinct
de classe remarquablement prononcé. Il se montrait doucement ironique avec sa femme, encore
croyante à cette époque; il aimait passionnément
la chasse. Les jours de fête, il revêtait ses habits
du dimanche et son visage rayonnait alors d'un
sourire particulier. Il chantait fort bien les
chants révolutionnaires polonais *Ludu roboczy,
poznaj swoje sily, Pierwszy maj*[1], et bien d'autres encore. Ses enfants faisaient chorus et Vladimir Ilitch, qui chantait volontiers pendant son
séjour en Sibérie, se joignait à eux. Prominsky
chantait également des chants révolutionnaires
russes que Vladimir Ilitch lui avait appris. Il
avait l'intention de retourner travailler en Pologne, et il avait abattu un nombre incalculable
de levrauts, dont la peau devait servir à confec-
tionner des pelisses pour ses enfants. Mais il ne
devait pas revoir son pays. Il parvint seulement
à se rapprocher de Krasnoïarsk avec sa famille
et à travailler au chemin de fer. Ses enfants
grandirent. Lui-même devint communiste. Ma-

---

1. « Peuple ouvrier, connais ta force » et « Le Premier
Mai ».

dame Prominskaïa suivit son exemple ainsi que
ses enfants. L'un d'eux a été tué à la guerre. Un
autre a failli périr pendant la guerre civile, il
est actuellement à Tchita. Ce fut seulement en
1923 que Prominsky put enfin partir pour la
Pologne, mais il fut atteint du typhus exanthé
matique et mourut en cours de route.

L'autre ouvrier était bien différent. Tout jeune,
il avait été déporté pour fait de grève avec em-
ploi de la violence. Il avait lu toute sorte de choses, mais il n'avait du socialisme qu'une conception très vague. Il vint un jour me trouver en me
disant: « Le nouveau greffier vient d'arriver. Il
a les mêmes convictions que moi. » — « C'est-à-
dire ? » demandai-je. — « C'est-à-dire que lui
et moi sommes opposés à la révolution ». Vladimir Ilitch et moi ne pûmes retenir un cri de stu-
péfaction. Le lendemain, j'entrepris de lire avec
lui le *Manifeste communiste* (qu'il me fallait traduire de l'allemand), puis nous attaquâmes le
Capital. Un jour Prominsky entra pendant que
nous étions en train de travailler, il s'assit et se
mit à écouter, la pipe entre les dents. Je posai
une question au sujet de ce que nous venions de
lire. Oscar se taisait, ne sachant que répondre.
Alors, tranquillement, le sourire aux lèvres, Prominsky donna la réponse attendue. Oscar en
bouda pendant toute une semaine. C'était malgré
tout un bon gas.

Il n'y avait pas d'autres déportés à Chouchenskoïé. Vladimir Ilitch me racontait qu'il avait
essayé de nouer des relations avec l'instituteur,

mais sans résultat. Ce dernier recherchait la compagnie de l'aristocratie locale: le pope et les
deux épiciers. Ils passaient leur temps à jouer
aux cartes et à boire. L'instituteur ne s'intéressait nullement aux problèmes sociaux. Le fils
aîné de Prominsky, Léopold, qui se trouvait déjà
porté vers le socialisme, se disputait continuellement avec lui.

Il y avait un paysan, nommé Jouravliov, que
Vladimir Ilitch aimait beaucoup. Agé de trente
ans, phtisique, Jouravliov avait été greffier. Vladimir Ilitch disait de lui qu'il était naturellement
révolutionnaire, protestant. Jouravliov se dres-
sait hardiment contre les richards et ne pouvait
se résigner à l'injustice, quelle qu'elle fût. Il
s'absentait continuellement et mourut bientôt de
la tuberculose.

Ilitch avait encore un autre intime, avec lequel
il allait souvent à la chasse. C'était un brave
moujik, le plus simple du monde, appelé Socypatytch, qui lui témoignait d'ailleurs une grande
affection et lui donnait tout ce qu'il pouvait, tantôt une cigogne, tantôt des pommes de cèdre.

C'est par Socypatytch et par Jouravliov que
Vladimir Ilitch prenait contact avec la campagne
sibérienne. Il me parla un jour d'une conversation qu'il avait eue avec le paysan aisé chez lequel
il demeurait. L'ouvrier de ce dernier lui avait
volé une peau. Le maître le rattrapa près du
ruisseau et le tua net. A ce sujet, Ilitch s'étendit
sur la cruauté sans merci du petit possédant, sur
son exploitation impitoyable de l'ouvrier. En

effet, les ouvriers agricoles sibériens travaillaient comme des forçats et ne dormaient leur content que les jours de fête.

Ilitch employait encore un autre moyen pour apprendre à connaître la campagne. Tous les dimanches, il donnait chez lui des consultations juridiques. Il jouissait d'une grande popularité comme homme de loi, ayant aidé un ouvrier renvoyé d'une mine d'or à obtenir gain de cause contre son patron. La nouvelle s'en répandit promptement parmi les paysans. Hommes et femmes venaient lui exposer leurs doléances. Vladimir Ilitch les écoutait attentivement, puis il leur donnait des conseils. Un paysan fit un jour plus de vingt kilomètres à pied pour venir lui demander de l'aider à faire condamner son gendre qui ne l'avait pas invité à une noce où l'on avait bien bu. « Et maintenant, votre gendre vous offrirait-il à boire si vous alliez le voir ? » — « Maintenant, oui. » Vladimir Ilitch perdit presque toute une heure à engager le moujik à se réconcilier avec son gendre. Parfois, il n'y avait pas moyen de démêler de quoi il s'agissait, aussi Vladimir Ilitch recommandait-il toujours de lui apporter une copie de l'affaire. Un jour, le taureau d'un richard corna la vache d'une paysanne pauvre. Le tribunal du canton condamna le propriétaire du taureau à payer dix roubles à la paysanne. Celle-ci protesta contre la sentence et réclama une « copie » de l'affaire. L'assesseur se moqua d'elle. Furieuse, la commère vint se plaindre à Vladimir Ilitch. La menace d'une plainte

à Oulianov suffisait souvent pour rendre l'offen-
seur plus conciliant.

Vladimir Ilitch finit par acquérir une connaissance complète de la vie rurale sibérienne. Il avait
observé auparavant celle de la région volgienne.
Il me dit un jour: « Ma mère aurait voulu me
voir diriger une exploitation agricole, je dus bientôt y renoncer, dans l'impossibilité de maintenir
des relations normales avec les paysans. »

A vrai dire, Vladimir Ilitch, comme déporté,
n'avait pas le droit de s'occuper d'affaires juridiques, mais l'arrondissement de Minoussinsk
traversait alors une phase libérale. On n'y exerçait aucune surveillance effective.

L' « assesseur » — paysan aisé de la loca-
lité — se souciait bien plus de nous écouler la
viande de son bétail que de veiller à ce que
« ses » déportés ne s'évadassent.

La vie était d'un bon marché extraordinaire
dans ce Chouchenskoïé. Ainsi, en échange de ses
« appointements » — une subvention de huit
roubles — Vladimir Ilitch était proprement logé,
nourri, blanchi, son linge était raccommodé, et
encore trouvait-on qu'il payait cher. A la vérité,
les repas étaient des plus simples: un jour, on
tuait pour lui un mouton qu'on servait pendant
toute une semaine jusqu'à ce qu'il l'eût mangé
tout entier; ensuite, on achetait de la viande pour
une autre semaine, la servante hachait cette
viande dans la cour, dans le baquet où l'on bras-
sait les barbotages pour le bétail, et l'on en faisait des boulettes pour Vladimir Ilitch jusqu'à la

semaine suivante, et ainsi de suite. Mais Vladimir Ilitch avait du lait et des galettes autant qu'il en voulait, pour lui et pour son chien, un splendide setter, Jenka, qu'il avait dressé à arrêter, à rapporter le gibier et à rendre tous les services qu'on demande généralement à un chien.

Etant donné que l'élément masculin se soûlait fréquemment chez les Zyrianov (nos hôtes) et que, pour plusieurs raisons, il n'était pas facile d'y vivre en famille, nous transportâmes bientôt nos pénates dans une autre maison où, pour quatre roubles, on nous loua la moitié de l'habitation avec cour et potager.

Nous y organisâmes une vie de famille. Comme on ne pouvait trouver personne en été pour nous aider en ménage, nous nous escrimions bravement, maman et moi, avec le four russe. Au début, il m'arriva plus d'une fois de renverser la soupe aux quenelles — qui s'éparpillaient dans la cendre — en voulant me servir de la pelle évidée destinée à sortir le pot du four. Je m'y fis néanmoins. Le potager nous fournit bientôt des légumes de toute sorte: concombres, carottes, betteraves, potirons; j'en étais très fière. Nous transformâmes la cour en jardin en y plantant du houblon que nous avions ramené de la forêt.

On nous a écrit de Chouchenskoïé que cette maison donne maintenant asile à la cellule des Jeunesses léninistes communistes. Le jardin est envahi par les mauvaises herbes, la haie n'existe presque plus, la maison elle-même tombe en ruines.

Le mois d'octobre nous amena une auxiliaire, Pacha, une fillette de treize ans aux coudes pointus, maigre à faire peur, qui eut vite fait de prendre en mains tout le ménage. Je lui appris à lire et à écrire, et elle se mit à orner les murs d'écriteaux rappelant les directives de ma mère: « Ne jamais, jamais jeter le thé » et à tenir un journal où elle notait: « Oscar Alexandrovitch et Prominsky sont venus aujourd'hui. On a chanté la *Doubinka* [1], j'ai chanté aussi. »

Il y avait aussi l'élément enfantin. Dans la même cour demeurait un colon letton. Il avait eu quatorze enfants, dont un seul, Minka, était resté en vie. Le père était un ivrogne invétéré. Minka était âgé de six ans, il avait une frimousse pâle et transparente, des yeux clairs et une conversation sérieuse. Il se mit à venir chez nous tous les jours. On était à peine levés qu'on entendait claquer la porte et qu'on voyait apparaître un petit bonhomme coiffé d'un grand bonnet, engoncé dans la jaquette ouatée de sa mère, le tout entortillé dans un châle, qui annonçait joyeusement: « Et me voilà! » Il savait bien que ma mère avait un grand faible pour lui et que Vladimir Ilitch était toujours prêt à rire et à jouer avec lui. Sa mère accourait:

— Mon petit Minka, n'aurais-tu pas vu un rouble?

— Bien sûr, j'ai vu un rouble qui traînait sur la table et je l'ai rangé dans une boîte.

---

1. *Le Chant de la Trique.*

Lorsque nous partîmes, Minka tomba malade
de chagrin. Il est mort maintenant. Quant à son
père, il nous a écrit en demandant de lui faire
assigner de la terre au delà de l'Iénisséï « afin de
manger à sa faim sur ses vieux jours ».

Notre ménage prenait de l'extension ; nous
adoptâmes un petit chat.

De grand matin, Vladimir Ilitch et moi nous
nous attelions à la traduction de Webb que
Strouvé m'avait procurée. Après le dîner, on co-
piait à deux pendant deux heures le *Développement du capitalisme*, puis on se livrait à d'autres
petits travaux. Un beau jour, Potressov nous fit
parvenir pour deux semaines le livre de Kautsky
contre Bernstein, nous laissâmes tout de côté et
le traduisîmes dans le délai voulu.

Après le travail, on partait en promenade.
Vladimir Ilitch, qui était un chasseur enragé,
s'était procuré une culotte de peau, et il s'aven-
turait ainsi équipé dans tous les marais des
alentours. Que de gibier il y avait là-dedans !
Lorsque j'arrivai à Chouchenskoïé, au printemps,
ce fut pour moi un grand sujet d'étonnement.
Promensky entrait et annonçait tout rayonnant :
« Les canards sauvages sont arrivés! » Oscar
vénait à son tour et se mettait aussi à parler des
canards. On en parlait des heures entières, si
bien qu'au printemps suivant, je fus également
capable de tenir ma partie dans les discussions
sur les canards sauvages.

Après les grands froids d'hiver, la nature
avait au printemps un réveil fougueux et son

empire se faisait sentir avec une force irrésistible.

C'est le soir, au soleil couchant. Au milieu des
champs, dans une mare immense formée par la
fonte des neiges, des cygnes sauvages s'ébattent.

Ou bien je me tiens à la lisière de la forêt; la
rivière bondit en écumant, les coqs de bruyère
lancent leurs appels.

Vladimir Ilitch va s'enfoncer dans la forêt et
me demande de tenir Jenka. Le chien tremble,
tout agité, et je me sens saisie à mon tour par
ce brusque réveil de la nature.

Vladimir Ilitch aimait passionnément la chasse,
mais il s'échauffait trop. Il me disait quelquefois,
tandis que nous cheminions en automne dans les
coupes éloignées: « Tu sais, si je vois un lièvre,
je ne tirerai pas; n'ayant pas pris de courroie,
il serait malaisé de le porter ». Un lièvre déboule
et Vladimir Ilitch fait feu.

Vers la fin de l'automne, quand l'Iénisséï commençait à se couvrir de glaçons, on allait dans les
îles chasser les lièvres dont le poil blanchissait
déjà. Ne pouvant s'échapper, ils couraient en
rond comme des moutons. Nos chasseurs en abat-
taient un plein bateau.

Pendant son séjour à Moscou, Vladimir Ilitch
chassait encore de temps en temps les dernières
années, mais son ardeur de Nemrod avait considérablement diminué. On organisa un jour une
chasse au renard, avec de petits drapeaux. La
chose l'intéressa vivement. « C'est bien imaginé »,
dit-il. Les chasseurs s'arrangèrent de manière à

rabattre le renard droit sur lui, mais il ne saisit son fusil qu'au moment où la bête, après être demeurée un instant immobile, les yeux fixés sur lui, faisait brusquement volte-face et disparaissait dans le fourré.

— Pourquoi n'as-tu pas tiré?

— Tu sais, il était vraiment trop beau.

Quand l'automne touchait à sa fin, qu'il n'avait pas encore neigé, mais que les rivières étaient déjà prises, nous nous promenions longuement sur la glace, à travers laquelle nous distinguions chaque petit caillou, chaque petit poisson. On aurait dit un royaume enchanté. Et en hiver, quand le mercure gelait dans les thermomètres et que les fleuves étaient pris jusqu'au fond, que l'eau coulait par-dessus la glace et se figeait à son tour, on pouvait faire deux kilomètres sur cette mince couche de glace qui cédait sous les pas. Vladimir Ilitch raffolait de tout cela.

Le soir, il lisait ordinairement des ouvrages de philosophie: Hegel, Kant, les matérialistes français, ou, s'il était trop fatigué, Pouchkine, Lermontov, Nékrassov.

Peu de temps après l'arrivée de Vladimir Ilitch à Piter, lorsque je ne le connaissais encore que par ouï-dire, je m'étais laissé dire par Stépane Radtchenko qu'il ne lisait que des livres sérieux et n'avait jamais ouvert un roman de sa vie. Je m'en étonnai; plus tard, quand nous fîmes plus ample connaissance, nous n'eûmes pas l'occasion d'en parler, et ce fut seulement en Sibérie que je découvris que tout cela était une pure légende.

Non seulement Vladimir Ilitch avait lu, mais il avait relu bien des fois Tourguéniev, L. Tolstoï, *Que faire ?* de Tchernychevsky ; en général, il connaissait parfaitement et aimait les classiques. Par la suite, quand les bolchéviks eurent pris le pouvoir, il assigna aux Editions d'Etat la tâche de faire une réédition à prix réduit des classiques. On trouvait dans son album, à côté des photographies de ses proches et d'anciens forçats, les portraits de Zola, de Herzen et plusieurs portraits de Tchernychevsky [1].

Le courrier arrivait deux fois par semaine. Nous avions une grande correspondance.

Nous recevions de Russie des lettres et des livres. Une des sœurs de Vladimir Ilitcb, Anna Ilinitchna, le renseignait en détail sur tout ce qui se passait. On nous écrivait de Pétersbourg. Entre autres, Nina Alexandrovna Strouvé me parlait souvent de son bébé : « Il tient déjà bien droit sa petite tête; nous le portons tous les jours devant les portraits de Darwin et de Marx en lui disant : Salue grand-père Darwin, salue Marx — et il salue de la manière la plus amusante du monde. » On recevait des lettres d'exilés lointains: de Martov à Touroukhansk, de Potressov à Orlov dans le gouvernement de Viatka.

Mais le plus gros de la correspondance émanait des camarades dispersés dans les villages des

---

1. Vladimir Ilitch aimait particulièrement Tchernychevsky. Un des portraits de celui-ci porte une inscription manuscrite de Vladimir Ilitch : Né en telle année, mort en 1889.

alentours. Les Krjijanovsky et Starkov écrivaient de Minoussinsk (dont Chouchenskoïé se trouvait éloigné de 50 kilomètres); à Iermakovskoïé, distant de 30 kilomètres, demeuraient Lépiochinsky, Vaniéev, Silvine, Panine, le camarade d'Oscar; à Tiess, éloigné de 70 kilomètres, se trouvaient relégués Lengnik, Chapoval, Baramzine; Kournatovsky habitait à la raffinerie. On correspondait sur tous les sujets : nouvelles de Russie, plans d'avenir, livres, courants nouveaux, philosophie.

On correspondait à propos d'échecs, surtout avec Lépiochinsky. On jouait par correspondance. Vladimir Ilitch disposait les pièces sur l'échiquier et combinait son jeu. A un moment donné, il y apportait une telle ardeur qu'il lui arriva de crier en rêve : « S'il fait avancer son cavalier sur cette case, je place ma tour sur celle-là ».

Vladimir Ilitch et son frère Alexandre eurent, dès l'enfance, un goût très vif pour les échecs. Leur père aimait également ce jeu. « Au début, c'était toujours le père qui gagnait, contait Vladimir Ilitch, mais, un beau jour, mon frère et moi nous nous procurâmes un manuel du jeu d'échecs et ce fut à notre tour de gagner. Un soir — nous étions logés en haut — je rencontrai mon père sortant de notre chambre, une bougie à la main et, sous le bras, notre manuel, qu'il se mit à piocher assidûment. »

Rentré en Russie, Vladimir Ilitch laissa les échecs de côté. « C'est trop absorbant, cela m'empêche de travailler. » Et comme il ne savait rien

faire à demi, se donnant entièrement à tout ce
qu'il entreprenait, dès lors, il ne joua plus volontiers, même au repos et dans l'émigration.

Dès son plus jeune âge, Vladimir Ilitch avait
appris à renoncer à tout ce qui constituait une
entrave. « Etant collégien, j'aimais beaucoup le
patinage, mais cela me fatiguait; après avoir bien
patiné, j'avais trop sommeil et ne pouvais plus
travailler. J'y renonçai. »

« A un moment donné, me dit-il une autre fois,
je m'emballai pour le latin. » « Pour le latin? »
fis-je, toute surprise. « Oui, seulement mes autres études en souffrirent, et j'y renonçai. » C'est
seulement il y a quelque temps, en lisant un passage d'une revue analysant le style, la contexture
du discours de Vladimir Ilitch et indiquant la
ressemblance existant entre la construction de sa
phrase et celle des orateurs romains, la similitude
des artifices oratoires, que je compris l'engouement de Vladimir Ilitch pour les auteurs latins.

On ne se contentait pas de correspondre avec
les camarades déportés, on se voyait aussi, quoique rarement.

Une fois, nous allâmes voir Kournatovsky.
C'était un excellent camarade, un marxiste érudit, mais sa vie n'avait été qu'un enchaînement
de misères. Il avait eu une enfance très dure auprès d'un père dénaturé, puis les condamnations
— déportation, détention — s'étaient succédé
sans interruption. Il ne lui arrivait presque jamais
de travailler en liberté; à peine se passait-il un

mois ou deux qu'il était de nouveau repris pour
de longues années; il n'avait jamais connu la vie.

Une petite scène m'est restée présente à la mémoire. Nous longions la raffinerie où il travaillait.
Deux fillettes venaient en sens inverse, l'une assez
grande, portant un seau vide, l'autre toute petite,
avec un seau plein de betteraves. « N'as-tu pas
honte de faire porter le seau plein à la petite ? »
dit Kournatovsky à l'aînée des deux fillettes, qui
se contenta de le regarder d'un air ahuri.

Une autre fois, nous nous rendîmes à Tiess.
Les Krjijanovsky nous avaient écrit que, à la
suite d'une réclamation, le commissaire de police
du district avait pris en grippe les déportés de
Tiess et ne les laissait plus sortir nulle
part. « Il y a ici, ajoutaient-ils, une montagne
intéressante au point de vue géologique. Ecrivez-
lui que vous désirez l'explorer. » En manière de
plaisanterie, Vladimir Ilitch adressa au commissaire une demande en règle, non seulement pour
lui-même, mais aussi pour sa femme qui devait
l'aider dans ses explorations. Le commissaire envoya l'autorisation par un exprès. Pour trois roubles, une commère nous loua une charrette tirée
par un cheval qui, au dire de la bonne femme,
était vigoureux, sobre, se contentant d'un tout
petit picotin, et nous partîmes pour Tiess. Nous
y arrivâmes en dépit de notre sobre rossinante
qui s'était arrêtée net au beau milieu du chemin.
Vladimir Ilitch s'entretint de Kant avec Lengnik,
des cercles de Kazan avec Baramzine, puis Lengnik, qui avait une fort belle voix, chanta en

notre honneur. Nous conservâmes de ce voyage un souvenir particulièrement agréable.

Nous allâmes deux fois à Iermakovskoïé. La première fois, c'était pour l'adoption d'une résolution au sujet du *Credo*[1]. Vaniéev se mourait de la tuberculose. On traîna son lit dans la grande pièce où s'étaient réunis tous les camarades. La résolution fut adoptée à l'unanimité.

La seconde fois, nous nous y rendîmes pour l'enterrement de Vaniéev.

Deux des « décembristes[2] » : Zaporojetz, que la prison avait rendu fou, et Vaniéev, qu'elle avait rendu gravement malade, devaient disparaître au moment où la flamme du mouvement ouvrier commençait à peine à se rallumer.

Au nouvel an, nous allâmes à Minoussinsk, où tous les social-démocrates déportés s'étaient donné rendez-vous.

Les adeptes de la *Narodnaïa Volia* déportés, Khon, Tyrkov et autres, se trouvaient également à Minoussinsk, mais ils faisaient bande à part. Les vieux témoignaient de la méfiance à la jeunesse social-démocrate, parmi laquelle ils jugeaient qu'il n'y avait pas de véritables révolutionnaires. Avant mon arrivée à Chouchenskoïé, il y avait eu dans le district de Minoussinsk toute une histoire à ce sujet. Il y avait à Minous-

---

1. Programme d'un groupe d'économistes dirigé par Kouskova et Prokopovitch. Les ouvriers, d'après ce programme, ne devaient pas se mêler de la lutte politique, qui était exclusivement l'affaire des intellectuels.
2. Voir note p. 35.

sinsk un déporté social-démocrate nommé Raïtchine, rattaché au groupe Libération du Travail.
Il résolut de s'évader. On lui procura l'argent
nécessaire, toutefois sans que le jour de l'évasion eût été fixé. Mais Raïtchine, une fois en
possession de l'argent, fut saisi d'une surexcitation nerveuse telle qu'il prit la fuite sans prévenir personne. Les vieux de la *Narodnaïa Volia* reprochèrent aux social-démocrates d'avoir
été au courant de la fuite de Raïtchine et d'a-
voir négligé de les en avertir, de sorte qu'ils
auraient été pris au dépourvu en cas de perqui-
sitions. L' « histoire » fit boule de neige. A mon
arrivée, Vladimir Ilitch m'en parla. « Rien n'est
plus mauvais que ces histoires entre déportés,
disait-il, elles traînent terriblement, les vieux
ont les nerfs malades, on oublie qu'ils ont passé par de rudes épreuves, qu'ils ont été au bagne.
Il ne faut pas se laisser absorber par ces histoi-
res-là ; tout le travail est encore à faire, il est
inadmissible de dépenser ses forces à de telles
futilités. » Et Vladimir Ilitch insistait sur la nécessité d'une rupture avec les vieux. Je me souviens de la réunion au cours de laquelle elle eut
lieu. La décision en avait été prise auparavant,
et il s'agissait de l'opérer d'une manière aussi
indolore que possible. On se séparait parce qu'il
le fallait, mais on le faisait sans haine, avec
regret. C'est ainsi que l'on se mit à vivre chacun
de son côté.

En somme, l'exil ne se passa pas trop mal. Ce
furent des années de sérieux apprentissage. A

mesure que se rapprochait le terme de l'exil,
Vladimir Ilitch pensait de plus en plus au travail qui l'attendait. Les nouvelles de Russie arrivaient une par une : l'économisme s'y développait et s'y renforçait, il n'y avait pas de parti
en réalité, pas d'imprimerie en Russie, la tentative d'organiser une édition par le *Bund* avait
échoué. Cependant, il était impossible de se
borner à la rédaction de brochures populaires
et de se taire au sujet des grandes lignes de la
conduite du travail. Tout allait à la débandade,
les arrestations incessantes rendaient impossible toute continuité, on était arrivé à s'en tenir
au *Credo*, aux idées de la *Rabotchaïa Muisl* (la
Pensée ouvrière), qui publiait la correspondance
d'un ouvrier, recommandé par les économistes,
et dans laquelle on lisait : « Des Marx et des
Engels, il ne nous en faut pas, à nous autres
ouvriers... »

L. Tolstoï a écrit quelque part que, pendant
la première moitié du trajet, le voyageur pense
ordinairement à ce qu'il a quitté, et pendant la
seconde, à ce qui l'attend. Il en est de même en
exil. Au début, on fait la somme du passé, vers
la fin on pense davantage à ce qui va venir.

Vladimir Ilitch réfléchissait de plus en plus
à ce qu'il fallait faire pour sortir le Parti de
l'état dans lequel il était tombé, pour donner au
travail l'impulsion nécessaire, pour lui assurer
la direction social-démocrate voulue. Par où commencer ? Pendant la dernière année d'exil, Vladimir Ilitch mûrit un plan d'organisation, qu'il

développa par la suite dans l'*Iskra*, dans la brochure *Que faire ?* dans la *Lettre à un camarade*. Il fallait commencer par organiser à l'étranger un journal, russe, relié aussi étroitement que possible à l'action et aux organisations russes, il fallait en assurer le transport le mieux possible. Il en perdit le sommeil et maigrit d'une manière effrayante. Dans ses nuits d'insomnie, il mûrissait son plan dans tous les détails, l'étudiait avec Krjijanovsky, avec moi, correspondait à ce sujet avec Martov et Potressov, s'entendait avec eux pour partir pour l'étranger. Plus il allait et plus il était dévoré d'impatience, de la soif de l'action.

Sur ces entrefaites, il nous arriva un beau jour une descente de police. Celle-ci avait saisi chez quelqu'un le récépissé d'une lettre adressée à Vladimir Ilitch et où il était question du monument de Fédossiéev. Ce fut pour les gendarmes le prétexte d'une perquisition. Ils trouvèrent la lettre, qui ne contenait rien de suspect, et examinèrent la correspondance, dans laquelle ils ne relevèrent également rien d'intéressant. Suivant notre vieille habitude pétersbourgeoise, nous gardions séparément tout ce qui revêtait un caractère illégal. Il est vrai que tout cela était simplement rangé sur le rayon inférieur de l'armoire. Vladimir Ilitch s'empressa d'offrir une chaise aux gendarmes afin de leur faciliter la visite des rayons supérieurs, où se trouvaient divers ouvrages de statistique. Ils étaient tellement harassés en arrivant au rayon inférieur qu'ils ne le regardèrent pas et se contentèrent de ma déclaraticn affirmant qu'il était réservé exclusivement à ma bibliothèque pédagogique.

La perquisition s'était achevée sans encombre, mais nous craignions qu'on ne profitât de l'occasion pour nous tenir en exil quelques années de plus. Les évasions n'étaient pas encore aussi fréquentes qu'elles le furent par la suite, et, en tout cas, cela eût compliqué les choses, car, avant de partir pour l'étranger, il fallait accomplir un grand travail d'organisation en Russie. Cependant, la chose se termina heureusement et la durée de notre peine ne fut pas prolongée.

Au mois de mars 1900, lorsque l'exil de Vladimir Ilitch eut pris fin, nous nous préparâmes à partir pour la Russie. Pacha, qui, en deux ans, était devenue une fort belle fille, pleurait toutes les nuits comme une fontaine ; Minka, l'air affairé, transportait chez lui tout ce qui restait en fait de papier, crayons, images, etc. Oscar Alexandrovitch entrait de temps à autre, s'asseyait sur le bord d'une chaise d'un air désorienté ; il me fit cadeau d'une broche qu'il avait fabriquée lui-même et qui représentait un livre sur lequel il avait gravé le nom de Karl Marx en souvenir des heures consacrées à la lecture du *Capital*. A tout moment, la propriétaire de la maison ou une voisine venaient jeter un coup d'œil dans la pièce. Notre chien, qui ne comprenait rien à tout ce remue-ménage, poussait à chaque instant les portes avec son nez pour s'assurer que tout le monde était bien là ; maman toussait en faisant les malles, Vladimir Ilitch ficelait les livres d'un air entendu.

Nous nous rendîmes à Minoussinsk, où nous devions prendre avec nous Starkov et Olga Alexandrovna Silvina. Toute la confrérie des déportés s'y trouvait déjà rassemblée, dans l'état d'esprit qui dominait ordinairement à chaque départ de déportés pour la Russie; chacun pensait au jour où son tour viendrait et à son action future. Vladimir Ilitch s'était auparavant entendu pour une action commune avec tous ceux qui devaient également partir sous peu pour la Russie et pour la correspondance avec les autres. Tous pensaient à la Russie, et cependant on ne parlait que de choses indifférentes.

Baramzine bourrait de tartines Jenka, que nous lui avions légué, mais la pauvre bête ne lui accordait pas la moindre attention : couchée aux pieds de ma mère, elle ne la quittait pas des yeux, suivant chacun de ses mouvements.

Enfin, après nous être dûment enfoncés dans nos bottes de feutre, nos grandes pelisses fourrées, etc., nous nous mîmes en route. Nous fîmes 300 verstes en traîneau sur l'Iénisséi, jour et nuit, car la lune brillait dans son plein. A chaque station, Vladimir Ilitch nous emmitouflait avec sollicitude, maman et moi, il veillait à ce que rien ne fût oublié, plaisantait avec Olga Alexandrovna, qui se plaignait d'être toute transie. Le traîneau filait rapidement, et Vladimir Ilitch qui n'avait pas voulu mettre sa houppelande fourrée sous prétexte qu'il avait trop chaud et se contentait de se tenir les mains dans un manchon qu'il avait emprunté à maman, se laissait emporter par la pensée en Russie, où il allait pouvoir se livrer entièrement au travail.

Le jour même de notre arrivée à Oufa, nous fûmes rejoints par les camarades de l'endroit. A. D. Tsuroupa, Svidersky, Krokhmal. « Nous avons fait six hôtels, bégayait Krokhmal, nous avons tout de même fini par vous trouver. »

Vladimir Ilitch resta deux jours à Oufa et, après avoir causé avec les camarades et nous avoir confiées à eux, maman et moi, il poursuivit sa route pour se rapprocher de Piter.

De ces deux journées, il ne m'est resté dans la mémoire que la visite faite à une vieille adepte de 'a *Narodnaïa Volia*, Tchetvergova, que Vladimir Ilitch avait connue à Kazan. Elle possédait une librairie à Oufa. Vladimir Ilitch alla la trouver dès son arrivée, et je remarquai une douceur particulière dans sa voix et sur son visage tandis qu'il s'entretenait avec elle. Par la suite, lorsque je lus la conclusion de *Que faire ?*, cette visite me revint à la mémoire.

Beaucoup d'entre eux [il s'agit des jeunes dirigeants du mouvement ouvrier] -- écrivait Vladimir Ilitch dans *Que faire?* -- avaient inauguré leur pensée révolutionnaire en tant qu'adeptes de la *Narodnaïa Volia*. Presque tous, dès l'adolescence, s'étaient enthousiasmés pour les héros de la terreur. Pour se soustraire à la séduction de cette tradition héroïque il leur fallut lutter, rompre avec des hommes qui voulaient à tout prix demeurer fidèles à la *Narodnaïa Volïa* et que ces jeunes social-démocrates estimaient hautement.

Ce passage constitue un extrait de la biographie de Vladimir Ilitch.

Il nous en coûtait de nous séparer au moment où le « vrai » travail allait commencer, mais il ne me vint même pas à l'idée que Vladimir Ilitch pouvait rester à Oufa quand il lui était possible de se rapprocher de Piter.

Vladimir Ilitch s'installa à Pskov, où vinrent également habiter par la suite Potressov et L. Radtchénko avec ses enfants. Il me raconta un jour en riant comment Potressov et lui avaient été mimés par les mignonnes fillettes de Radtchenko, Jénïourka et Liouda. Les mains derrière le dos, elles marchaient de long en large dans la pièce, l'une disant : « Bernstein », l'autre répondant « Kautsky ».

C'est pendant son séjour à Pskov que Vladimir Ilitch tendit avec persévérance les fils de l'organisation qui devaient relier étroitement à la Russie, à l'action russe, le journal qui allait être édité à l'étranger. Il voyait souvent Babouchkine et un certain nombre d'autres personnes.

Je m'habituai peu à peu à Oufa. Je pus me procurer des traductions et des leçons.

Peu de temps avant mon arrivée à Oufa, une histoire de déportés avait divisé en deux camps les social-démocrates de l'endroit. Dans l'un se

trouvait Krokhmal, Tsuroupa, Svidersky, dans
l'autre, les frères Plaksine, Saltykov, Kviatkovsky. Tchatchina et Aptekmann se tenaient en
dehors des groupements et entretenaient des relations avec les deux camps. Je me rapprochai
bientôt du premier, avec lequel je me trouvais
une plus grande conformité de tendances. Ce
groupe faisait preuve d'une certaine activité,
c'était en général l'élément le plus vivant de la
bande. J'avais aussi des relations dans les ate-
liers du chemin de fer où se trouvait un cercle
d'ouvriers social-démocrates composé de douze
membres. Le plus actif de tous était l'ouvrier
Iakoutov. Plus d'une fois, il vint me trouver pour
me demander des livres et pour causer. Pendant
longtemps il chercha à se procurer la « pulvérisation [1] » de Marx, mais dès qu'il l'eut en sa
possession, il ne put la lire. Il s'en plaignait à
moi en disant : « C'est le temps qui me manque,
voyez-vous, il y a toujours des paysans qui vien-
nent me relancer avec leurs affaires. Il faut bien
causer avec chacun d'eux pour ne pas les frois-
ser et, après cela, je n'ai plus de temps de reste. » Il me contait aussi que sa femme Natacha
était également dévouée à la cause et que l'exil
ne leur faisait pas peur, que ses bras lui feraient
gagner sa vie n'importe où. C'était un conspi-
rateur né, il ne pouvait pas supporter les criail-
leries, la vantardise, les grandes phrases. Il esti-

---

1. « Pulvérisation », pour « popularisation », « vul-
garisation ».

mait qu'il fallait agir judicieusement, sans bruit, mais fermement.

En 1905, Iakoutov fut président de la République d'Oufa ; plus tard, la réaction ayant triomphé, il fut pendu dans la prison de cette ville. Tandis qu'il mourait dans la cour de la prison, des chants s'élevaient dans toutes les cellules et tous les détenus juraient de ne jamais oublier ni pardonner sa mort.

Je travaillais encore avec d'autres ouvriers, entre autres avec un jeune métallurgiste employé dans une petite usine, tout feu, tout nerfs, qui me parlait de la vie des ouvriers de la région. On m'apprit par la suite qu'il avait passé aux socialistes-révolutionnaires et était devenu fou en prison.

Je voyais aussi un relieur poitrinaire, Krylov, qui fabriquait avec beaucoup de soin des reliures doubles, dans lesquelles on pouvait glisser des manuscrits clandestins, et qui faisait du carton à relier avec des manuscrits. Il me parlait du travail des imprimeurs de l'endroit.

C'est sur la base de ces récits que furent rédigées par la suite les correspondances de l'*Iskra*.

L'action se poursuivait également dans les usines en dehors d'Oufa. Il y avait à l'usine d'Oust-Katav une infirmière social-démocrate, qui menait l'action parmi les ouvriers et diffusait les brochures populaires clandestines, que nous avions énormément de peine à obtenir en quantité voulue.

Il y avait plusieurs étudiants social-démocrates dans les usines.

Notre organisation d'Oufa entretenait à Ekatérinbourg un ouvrier clandestin, Mazanov, revenu de Touroukhansk, où il avait été exilé en même temps que Martov. Mais son travail ne marchait guère.

Oufa était le centre de la province. Les déportés de Sterlitamak, Birsk et autres villes de district arrivaient toujours à obtenir l'autorisation de s'y rendre.

Mais, en outre, Oufa se trouvait sur la route de la Sibérie et de la Russie. Les camarades revenant d'exil ne manquaient pas de venir s'entendre pour l'action. C'est ainsi que nous vîmes Martov (il n'avait pu réussir à venir directement de Touroukhansk), Gl. Okoulova, Panine, L.M. Knipovitch y vint clandestinement d'Astrakan ; Roumiantsev, Portougalov arrivèrent de Samara.

Martov s'installa à Poltava. Nous avions organisé une liaison avec lui et nous espérions obtenir par lui de la littérature. Il en arriva une caisse une semaine, je crois, après mon départ d'Oufa, et Kviatkovsky, qui était allé en prendre livraison, se vit octroyer cinq ans de déportation en Sibérie pour cette caisse qui s'était disloquée en cours de route. En somme, Martov ne faisait rien et il s'était chargé de recevoir les envois uniquement parce qu'ils étaient adressés à un brasseur dont la fille était son élève.

Il y avait aussi à Oufa des partisans de la

Narodnaïa Volia, Léonovitch et, plus tard, Bo-
rozditch.

Avant son départ pour l'étranger, Vladimir
Ilitch faillit se faire pincer. Il s'était rendu de
Pskov à Piter en même temps que Martov. Ils
furent filés et arrêtés. Il avait dans son gilet deux
mille roubles, qui lui avaient été remis par la
« Tante », et la liste des liaisons avec l'étranger
inscrite à l'encre sympathique sur une feuille
de papier à lettres, sur laquelle, pour la forme, il
avait établi à l'encre ordinaire une facture quelconque. Si les gendarmes avaient eu l'idée de
chauffer la feuille, Vladimir Ilitch ne serait pas
allé éditer un journal russe à l'étranger. Mais il
eut de la « veine » et il fut relâché dix jours
après.

Il vint ensuite à Oufa pour me faire ses adieux.
Il me raconta ce qu'il avait réussi à faire pendant
ce temps, me parla des gens qu'il avait eu l'occasion de voir. On tint, bien entendu, toute une
série de réunions en son honneur. Je me souviens qu'étant venu à savoir que Léonovitch, tout
en se prétendant membre de la *Narodnaïa Volia*, ne connaissait même pas de nom le groupe
Libération du Travail, Vladimir Ilitch éclata :
« Est-ce qu'un révolutionnaire peut ignorer cela,
est-ce qu'il peut choisir à bon escient le parti
dans lequel il travaillera s'il ne sait pas, s'il
n'étudie pas ce qu'a écrit le groupe Libération
du Travail ? »

Vladimir Ilitch passa, me semble-t-il, environ
une semaine à Oufa.

De l'étranger il m'écrivait principalement dans des livres expédiés au nom de différents correspondants. En somme, l'affaire du journal n'avançait pas aussi vite qu'il l'aurait voulu; il éprouvait de la difficulté à s'entendre avec Plékhanov, et les lettres qu'il m'écrivait de l'étranger étaient brèves, sans entrain, se terminant par des phrases telles que : « Je t'en parlerai quand tu seras là », « J'ai noté pour toi les détails du conflit avec Plékhanov ».

C'est à peine si je pus attendre la fin de ma déportation et, pour comble de malheur, je ne recevais plus depuis longtemps de nouvelles de Vladimir Ilitch.

J'aurais voulu aller à Astrakan chez L.M. Knipovitch, mais je hâtai mes préparatifs en vue de mon départ pour l'étranger.

Etant de passage à Moscou, nous allâmes rendre visite, maman et moi, à Marie Alexandrovna, la mère de Vladimir Ilitch. Elle se trouvait alors seule à Moscou: une de ses filles, Marie Ilinitchna, était emprisonnée, l'autre, Anna Ilinitchna, était à l'étranger.

J'aimais beaucoup Marie Alexandrovna, qui s'était toujours montrée extrêmement délicate et prévenante. Plus tard, lorsque nous vécûmes à l'étranger, elle nous écrivit toujours à tous les deux et jamais à Vladimir Ilitch seulement.

Ce n'est qu'un détail, mais de quelle délicatesse ne témoigne-t-il pas ! Vladimir Ilitch avait un culte pour sa mère. « Elle a une force de caractère extraordinaire, me disait-il un jour. Si cela était arrivé à mon frère du vivant de mon père, je ne sais pas ce qui se serait passé. »

C'est de sa mère que Vladimir Ilitch tenait sa force de volonté, il en tenait aussi la délicatesse, l'attention pour autrui.

Pendant notre séjour à l'étranger, je tâchais de lui décrire notre vie aussi vivement que possible, afin qu'elle pût se sentir tant soit peu rapprochée de son fils. En 1897, alors que Vladimir Ilitch se trouvait en exil, les journaux annoncèrent la mort, à Moscou, de Marie Alexandrovna Oulianova. Oscar me racontait à ce sujet qu'étant entré un jour chez Vladimir Ilitch, celui-ci, pâle comme un linge, lui avait dit : « Ma mère est morte ! » Il s'agissait d'une homonyme.

Marie Alexandrovna eut à supporter bien des épreuves : l'exécution de son fils aîné, la mort de sa fille Olga, les arrestations interminables de ses autres enfants.

Vladimir Ilitch tombe malade en 1895, elle arrive aussitôt, le soigne et le remet sur pied, elle lui prépare elle-même ses repas ; il est arrêté : elle est de nouveau à son poste, passant des heures entières dans la salle d'attente à peine éclairée de la maison de détention préventive, allant régulièrement voir son fils, se chargeant des paquets à lui remettre. Sa tête est à peine agitée d'un léger tremblement.

Je lui ai promis de prendre soin de Vladimir Ilitch, mais vains ont été mes soins...

De Moscou j'emmenai ma mère à Piter où je l'installai, puis je partis pour l'étranger. Assez perplexe, je résolus de me rendre à Prague, supposant que Vladimir Ilitch demeurait dans cette ville sous le nom de Modraczek.

J'annonçai mon arrivée par dépêche. Arrivée à Prague, personne à la gare. J'attendis un long moment. Fort ennuyée, je hélai un cocher de fiacre en haut de forme qui chargea mes malles, et en route ! Nous arrivons dans la ruelle étroite d'un quartier ouvrier, devant une maison immense aux fenêtres garnies d'objets de literie qui prennent l'air...

Je me précipite au quatrième. Une femme tchèque, de blanc vêtue, m'ouvre la porte. J'articule : « Modraczek, Herr Modraczek ? » Paraît un ouvrier, qui me répond : « C'est moi, Modraczek. » Abasourdie, je balbutie : « Non, c'est mon mari... » Modraczek devine enfin ; « Ah ! vous êtes probablement la femme de Herr Rittmeyer. Il habite Munich, mais il vous adressait à Oufa par mon entremise des livres et des lettres. »

Il me tint compagnie toute la journée, je lui parlai du mouvement russe, il m'entretint du mouvement autrichien, sa femme me montra des entre-deux de dentelle faits par elle et me régala de boulettes tchèques.

Arrivée à Munich — j'étais emmitouflée dans ma pelisse fourrée, alors que tout le monde là-bas arborait déjà des toilettes d'été — et instruite par l'expérience, je laisse mes bagages à la consigne et pars en tramway à la recherche de Rittmeyer.

Je trouve la maison : c'est une brasserie qui

en occupe le local n° 1. Je m'approche du comptoir, derrière lequel se tient un gros Allemand, et je demande timidement monsieur Rittmeyer, préssentant une nouvelle mésaventure. Le débitant me répond : « C'est moi ». A bout de forces, je murmure : « Non, c'est mon mari... »

Nous sommes là à nous regarder, tout ahuris. A la fin, la femme de Rittmeyer entre et, après un coup d'œil sur ma personne, devine : « Ah ! c'est sans doute la femme de Herr Meyer ; il attend sa femme qui doit arriver de Sibérie. Je vais vous conduire. »

Je suis docilement Frau Rittmeyer jusque dans la cour de la grande maison et nous entrons dans un logement inhabité. La porte s'ouvre, j'aperçois, assis à une table, Vladimir Ilitch, Martov et Anna Ilinitchna. Oubliant de remercier l'hôtesse, je me répands aussitôt en invectives : « La peste soit de toi, diable d'homme, pourquoi n'as-tu pas écrit où il fallait aller te trouver ? »

« Comment, je n'ai pas écrit ? J'allais te chercher à la gare trois fois par jour. D'où viens-tu? »

Nous apprîmes par la suite que le correspondant à qui avait été envoyé le livre contenant l'adresse avait gardé le livre pour le lire.

Plus d'un Russe voyagea par la suite dans le même goût : au lieu de Genève, Chliapnikov débarqua la première fois à Gênes ; Babouchkine, se rendant à Londres, faillit aller jusqu'en Amérique.

1901-1902

Bien que Lénine, Martov et Potressov eussent
été munis de passeports légaux pour se rendre
à l'étranger, il avait été décidé que l'on demeu-
rerait à Munich avec des passeports d'emprunt,
à l'écart de la colonie russe, afin de ne pas nuire
aux militants venant de Russie et de pouvoir
expédier plus facilement au pays la littérature
clandestine dissimulée dans des valises, lettres,
etc., etc.

A l'époque de mon arrivée à Munich, Vladimir
Ilitch, qui n'avait pas fait de déclaration de
séjour à la police, habitait, sous le nom de Meyer,
chez le Rittmeyer dont il a été question. Quoique
tenancier d'une brasserie, ce Rittmeyer était
social-démocrate et donnait asile à Vladimir
Ilitch dans son appartement. La chambre qui
lui avait été dévolue était assez misérable, il
vivait en célibataire, prenant ses repas chez une
Allemande qui lui servait invariablement le

Mehlspeise [1]. Il prenait le thé matin et soir dans un gobelet de fer-blanc qu'il lavait lui-même avec soin et qu'il accrochait à un clou près du robinet de l'évier.

Je lui trouvai l'air soucieux ; les choses ne s'arrangeaient pas aussi vite qu'il l'eût voulu. Outre Vladimir Ilitch, Martov, Potressov et Véra Zassoulitch habitaient encore à Munich à cette époque. Plékhanov et Axelrod auraient voulu que le journal parût quelque part en Suisse, sous leur direction immédiate. L'*Iskra* n'avait pour eux, et même, au début, pour Zassoulitch, aucune importance particulière; ils étaient loin d'estimer à sa juste valeur le rôle organisateur qu'elle pouvait jouer et qu'elle joua d'ailleurs; la *Zaria* les intéressait bien davantage.

« Votre stupide *Iskra* », disait au début Véra Zassoulitch en plaisantant. Ce n'était évidemment qu'un badinage, mais on y sentait une certaine sous-estimation de l'entreprise tout entière. Vladimir Ilitch jugeait qu'il fallait isoler l'*Iskra* du centre de l'émigration, la rendre clandestine, ce qui était d'une importance considérable pour les relations avec la Russie, pour la correspondance, pour les arrivées. Les « anciens » étaient tout prêts à voir en cela de la mauvaise volonté à l'égard du transfert du journal en Suisse et de la direction qu'ils prétendaient assumer, ainsi que l'intention de suivre une ligne à part; aussi ne se montraient-ils pas fort disposés à lui appor-

---

1. Mets préparé avec de la farine.

ter leur concours. Vladimir Ilitch le sentait bien et s'en énervait. Il avait un sentiment tout particulier pour le groupe *Libération du Travail*. Il chérissait Plékhanov, mais il aimait profondément aussi Axelrod et Zassoulitch. « Tu vas voir Véra Ivanovna, me dit-il le soir de mon arrivée à Munich, c'est un être d'une pureté cristalline. » Oui, c'était la vérité.

Seule du groupe Libération du Travail, Véra Zassoulitch se rapprocha de *l'Iskra*. Elle vécut avec nous à Munich et à Londres, elle vécut de la vie de la rédaction de *l'Iskra*, de ses joies et de ses peines, des nouvelles qui arrivaient de Russie.

« Mais *l'Iskra* prend de l'importance », disait-elle en riant à mesure que le journal étendait son influence.

Plus d'une fois elle nous parla des longues et mornes années de l'émigration.

Nous ne connûmes jamais, quant à nous, l'émigration telle que l'endura le groupe Libération du Travail, car nous pûmes maintenir tout le temps les rapports les plus étroits avec la Russie, avec les militants qui en arrivaient continuellement. En ce qui concerne l'information, nous nous trouvions à l'étranger dans des conditions bien plus favorables que dans certains chefs-lieux de gouvernement en Russie, nous vivions uniquement des intérêts de l'activité révolutionnaire russe, l'œuvre avait pris de l'essor, le mouvement ouvrier se développait. Mais les membres du groupe Libération du Travail s'étaient trouvés dans un isolement complet de la Russie, ils avaient passé à l'étranger les années de la réaction la plus sombre, alors que la visite d'un étudiant de passage était tout un événement, tant elle comportait de danger. Lorsque, au début de la période de 1890-1900, Klasson et Korobko allèrent les voir, ils furent mandés à la gendarmerie dès leur retour de l'étranger afin de donner la raison de leur visite à Plékhanov. La filature était organisée d'une manière irréprochable.

De tous les membres du groupe Libération du Travail, Véra Zassoulitch se sentait la plus isolée. Plékhanov et Axelrod avait chacun leur famille. Plus d'une fois, elle nous parla de sa solitude. « Je n'ai personne au monde », disait-elle, et elle cherchait aussitôt à corriger l'amertume de ses sentiments par une plaisanterie. « Voilà, vous m'aimez bien, je le sais, mais quand je mourrai, c'est tout juste si vous prendrez une tasse de thé en moins. »

Cependant elle éprouvait un besoin intense de la vie de famille, peut-être parce qu'elle avait été élevée chez des étrangers, par charité. Il fallait voir avec quel amour elle s'occupait même du bébé de Dimka (la sœur de P. Smidovitch). Elle manifestait même du goût pour le ménage et faisait son marché avec le plus grand soin les jours où son tour arrivait de préparer les repas pour la commune (à Londres, Véra Zassoulitch, Martov et Alexéiev avaient constitué une commune). D'ailleurs, en général, on ne se doutait guère de son goût pour la famille et le ménage. Elle vivait

à la nihiliste, était vêtue avec négligence, fumait
sans cesse et un désordre incroyable régnait dans
sa chambre, qu'elle ne permettait à personne de
nettoyer. Elle se nourrissait d'une manière assez
bizarre. Je me souviens l'avoir vue en train de
griller de la viande sur un réchaud à pétrole et
d'en avaler des morceaux qu'elle coupait au fur
et à mesure avec des ciseaux.

« Lorsque j'étais en Angleterre, nous contait-
elle, les dames anglaises s'étaient mises en frais
de conversation pour moi.

— Combien de temps cuisez-vous la viande ?
me demandèrent-elles un jour.

— Cela dépend, leur répondis-je, si j'ai faim,
je la fais cuire dix minutes, sinon, trois heures.

Après cela, elles me laissèrent tranquille. »

Quand Véra écrivait, elle s'enfermait dans sa
chambre et ne prenait que du café noir très fort.

Elle avait la nostalgie profonde de la Russie.
En 1899, me semble-t-il, elle se rendit illégale-
ment en Russie, non pas pour les besoins de la
cause, mais tout simplement « pour voir au
moins le bout du nez d'un moujik ». Aussi, lorsque l'*Iskra* commença de paraître, elle sentit que
c'était comme un morceau de la Russie, et elle
s'y cramponna convulsivement. Quitter l'*Iskra*,
c'eût été pour elle s'arracher de nouveau de la
Russie, s'enfoncer de nouveau dans l'enlisement
glacé de l'émigration.

Voilà pourquoi elle s'indigna quand la question de la rédaction de l'*Iskra* fut posée au deu-

xième congrès. Pour elle, ce n'était pas une question d'amour-propre, mais de vie ou de mort.

En 1905, elle partit pour la Russie et y resta.

C'est au deuxième congrès que, pour la première fois de sa vie, Véra Zassoulitch se dressa contre Plékhanov. Unie à lui par de longues années de lutte commune, elle avait vu le rôle immense joué par cet homme lorsqu'il s'était agi d'aiguiller le mouvement révolutionnaire dans une voie sûre; elle estimait en lui le fondateur de la social-démocratie russe, elle appréciait son esprit, son talent étincelant. Le moindre désaccord avec Plékhanov la mettait hors d'elle. Cependant, en l'occurrence, elle ne le suivit point.

Tragique a été le sort de Plékhanov. Dans le domaine de la théorie il a rendu de très grands services au mouvement ouvrier. Mais les années passées dans l'émigration l'avaient détaché de la réalité russe. Le grand mouvement de la masse ouvrière avait pris corps au moment où il se trouvait déjà à l'étranger. Il voyait des représentants des divers partis, des écrivains, des étudiants, même des ouvriers isolés, mais il ne voyait pas la masse ouvrière russe, il ne travaillait pas avec elle, il ne la sentait pas. Parfois, quand la correspondance de Russie apportait quelque révélation sur les nouvelles formes du mouvement, qu'elle laissait entrevoir de nouvelles perspectives, Vladimir Ilitch, Martov et même Véra Zassoulitch la lisaient et la relisaient plusieurs fois ; après cette lecture, Vladimir Ilitch se mettait à marcher de long en large dans la chambre et ne parvenait pas à s'endormir le soir. Une fois installés à Genève, j'essayai de montrer à Plékhanov les correspondances et les lettres et je fus surprise de son attitude : on eût dit qu'il sentait le sol se dérober sous ses pas, une certaine incrédulité se peignait sur son visage, il ne parlait jamais par la suite de ces lettres et correspondances.

Après le deuxième congrès, il se montra tout particulièrement méfiant pour les lettres de Russie.

Au début, cela me vexait en quelque sorte, puis je réfléchis que cela provenait de ce qu'il avait quitté la Russie depuis longtemps et qu'il était privé des points de repère que donne l'expérience et qui permettent d'établir l'importance relative de chaque correspondance, de lire bien des choses entre les lignes.

Il venait souvent des ouvriers à l'*Iskra*. Tous, bien entendu, voulaient voir Plékhanov, ce qui était bien plus difficile que de voir Martov où l'un de nous, mais, même si un ouvrier parvenait à être introduit auprès de Plékhanov, il sortait de chez lui avec un sentiment complexe. Il était fasciné par sa rayonnante intelligence, par ses connaissances étendues, son esprit, mais il sentait d'autant plus l'énorme distance qui le séparait de ce brillant théoricien et il constatait qu'il n'avait pu lui parler de ce qui lui tenait tant à cœur et sur quoi il eût voulu le consulter.

Mais si l'ouvrier ne se trouvait pas d'accord avec Plékhanov et tentait d'émettre son opinion,

celui-ci se fâchait : « Vos père et mère étaient
encore au maillot quand moi, je... ».

Il est probable qu'il n'en fut pas ainsi pendant
les premières années de l'émigration, mais après
1900, Plékhanov avait perdu la perception immédiate de la Russie. Il ne s'y rendit pas en 1905.

Paul Axelrod était doué, à un degré bien plus
élevé que Plékhanov et Zassoulitch, du talent de
l'organisation. Il était plus spécialement chargé
des relations avec les arrivants. C'était surtout
chez lui que ces derniers passaient leur temps,
on leur y servait à boire et à manger, et Axelrod
les questionnait longuement sur toutes choses.

Il s'occupait de la correspondance avec la Russie et connaissait les ficelles des relations clandestines. On s'imagine donc aisément ce qu'un
organisateur révolutionnaire russe tel que lui devait éprouver durant les longues années d'émigration en Suisse. Il avait perdu les trois quarts
de sa capacité de travail, passait des nuits entières sans dormir, écrivait des mois de suite dans
une tension d'esprit extraordinaire sans pouvoir
achever un article commencé, et telle était sa nervosité que son écriture était devenue presque in-
déchiffrable.

L'écriture d'Axelrod impressionnait toujours
Vladimir Ilitch. « C'est tout simplement effrayant
d'en arriver là », disait-il souvent. Il en parla
plus d'une fois au docteur Kramer qui le soignait
pendant sa dernière maladie. Lors de son premier
voyage à l'étranger, c'est avec Axelrod qu'il s'était
le plus entretenu au sujet des questions d'organi-

sation. Il me parla beaucoup de lui quand j'arrivai à Munich. Alors qu'il ne pouvait déjà plus écrire, ni même prononcer un seul mot, il me demandait encore ce que faisait Axelrod en me montrant son nom dans un journal.

Axelrod fut douloureusement affecté de voir éditer l'*Iskra* ailleurs qu'en Suisse et les relations avec la Russie s'organiser en dehors de lui. C'est pour cette raison qu'il manifesta tant d'acharnement au sujet de la « Commission des Trois » au deuxième congrès. L'*Iskra* serait un centre d'organisation et il serait écarté de la rédaction! Et cela quand, au deuxième congrès, on sentait plus que jamais le souffle de la Russie!

Au moment de mon arrivée à Munich, il ne s'y trouvait, de tout le groupe Libération du Travail, que Zassoulitch, qui y vivait, avec un passeport bulgare, sous le nom de Vélika Dmitrievna.

Tous les autres devaient également avoir des passeports bulgares. Avant mon arrivée, Vladimir Ilitch s'était tout bonnement abstenu de faire sa déclaration de séjour à la police. Quand nous fûmes réunis, nous nous munîmes du passeport d'un sujet bulgare, le docteur Iordanov, dans lequel nous eûmes soin d'inscrire sa femme Maritza, et nous nous installâmes dans une chambre louée chez des ouvriers grâce à une annonce de journal. Avant moi, le secrétariat de l'*Iskra* était assuré par Inna Smidovitch-Lehmann, également enregistrée d'après un passeport bulgare sous le nom de Dimka. A mon arrivée, Vladimir Ilitch me dit qu'il avait été entendu, sur ses instances, que le secrétariat de l'*Iskra* me serait confié. Cela voulait dire, évidemment, qu'il prétendait assurer le contrôle le plus strict sur les relations avec la Russie. Martov et Potressov ne s'y opposaient pas à cette époque, et le groupe Libération du Travail n'avait pas présenté de candidat, n'attribuant pas d'ailleurs à l'*Iskra* une importance particulière. Vladimir Ilitch me disait que cette question avait été assez délicate à traiter, mais que cela était nécessaire dans l'intérêt de la cause.

La besogne arriva aussitôt en quantité. Voici comment les choses étaient organisées : les lettres de Russie étaient expédiées dans les différentes villes d'Allemagne à l'adresse des camarades allemands, qui les réexpédiaient à l'adresse du docteur Lehmann; celui-ci, à son tour, nous les faisait parvenir.

Il y avait eu toute une histoire quelque temps auparavant. On avait enfin réussi à installer en Russie, à Kichinev, une imprimerie pour les brochures, et le gérant Akim (Léon Goldmann, frère de Liber) avait expédié à Lehmann un oreiller dans lequel il avait dissimulé quelques exemplaires d'une brochure éditée en Russie. Lehmann, surpris et embarrassé, avait refusé l'oreiller à la poste. Ayant appris le fait, nos gens avaient poussé les hauts cris et il s'était empressé de réclamer l'oreiller en déclarant qu'il accepterait dorénavant tout ce qui arriverait à son nom, serait-ce un train tout entier.

Le transport de l'*Iskra* en Russie n'était pas encore organisé. On la faisait passer principale-

ment dans des valises à doublè fond confiées à
différents voyageurs, qui les emportaient en Russie et les remettaient au lieu et à l'adresse con-
venus.

Une de ces adresses était celle des Lépiochinsky, à Pskov; il y en avait une autre à Kiev et
encore ailleurs. Les camarades russes vidaient le
fond de la valise de son contenu et remettaient
celui-ci à l'organisation. Le transport commençait à s'organiser par l'intermédiaire des Lettons
Rohlau et Skubik.

Tout cela demandait du temps. On en perdait
aussi beaucoup en négociations de toute sorte qui,
en fin de compte, n'aboutissaient à rien.

Ainsi, une fois, toute une semaine se passa en
pourparlers avec un individu qui voulait nouer
des relations avec les contrebandiers en voya-
geant le long de la frontière, muni d'un appa-
reil photographique que nous devions lui acheter.

Nous correspondions avec les agents de l'*Iskra*
à Berlin, à Paris, en Suisse, en Belgique. Ils nous
aidaient de leur mieux, recherchant des gens de
bonne volonté consentant à se charger des valises, trouvant de l'argent, des relations, des
adresses, etc.

En octobre 1901, les groupes sympathisants
constituèrent la *Ligue de la social-démocratie
révolutionnaire russe à l'étranger*.

Les relations avec la Russie se développaient
rapidement. Parmi les corespondants les plus
actifs de l'*Iskra* se trouvait l'ouvrier pétersbourgeois Babouchkine, avec lequel Vladimir Ilitch

s'était entendu pour la correspondance avant de quitter la Russie. Il envoyait une quantité de correspondances d'Orékhovo-Zouiévo, de Vladimir, de Gouss-Khroustalny, Ivanovo-Voznessensk, Kokhma, Kinechma [1]. Il parcourait sans cesse toutes ces localités et renforçait leur liaison.

On nous écrivait de Pétersbourg, de Moscou, de l'Oural, du Midi. Nous correspondions avec l'*Union du Nord* [2]. Son représentant, Noskov, arriva à Munich en droite ligne d'Ivanovo-Voznessensk. Il eût été difficile de se représenter un type russe plus achevé : blond, yeux bleus, un peu voûté, faisant sonner les « o » en parlant. Son petit baluchon à la main, il était arrivé de Russie pour s'entendre au sujet de tout ce qu'il y avait à faire. Son oncle, petit fabricant d'Ivanovo-Voznessensk, lui avait fourni l'argent du voyage, trop heureux de se débarrasser d'un neveu remuant qui se faisait arrêter ou perquisitionner sans cesse.

Boris Nicolaïévitch (de son vrai nom Vladimir Alexandrovitch) était un bon militant. Je l'avais déjà rencontré à Oufa, alors qu'il s'y trouvait de passage en se rendant à Ekatérinbourg. Il était venu à l'étranger pour « nouer des liaisons ». Je le vois encore, assis sur le fourneau de notre minuscule cuisine de Munich, les yeux étincelants, nous parlant de l'activité de l'*Union du Nord*. Il s'emballait sur ce sujet et Vladimir

---

1. Villes de la Russie centrale.
2. Union social-démocrate des ouvriers du nord de la Russie.

Ilitch, par ses questions, versait encore de l'huile sur le feu. Tant qu'il vécut à l'étranger, Boris tint un registre où il inscrivait soigneusement toutes les liaisons : adresses, professions, services susceptibles d'être rendus par les intéressés. Il nous laissa ce registre par la suite. C'était en quelque sorte un poète en même temps qu'un organisateur. D'ailleurs, il idéalisait par trop les gens et le travail et ne savait pas regarder en face, hardiment, la réalité. Après le deuxième congrès, il devint conciliateur, puis il disparut de l'arène politique. Il mourut pendant les années de la réaction.

D'autres personnes venaient à Munich. Strouvé y avait été avant mon arrivée. Il commençait alors à s'éloigner des social-démocrates pour passer au camp des libéraux. Une violente discussion avait eu lieu lors de son dernier voyage. Véra Zassoulitch l'avait surnommé le « veau ferré ». Vladimir Ilitch et Plékhanov le jugeaient perdu pour la cause. Quant à V. Zassoulitch, elle estimait que son cas n'était pas désespéré. Aussi elle et Potressov étaient-ils qualifiés, par manière de plaisanterie, dans nos milieux de *Struve freundliche Partei* [1].

Strouvé arriva pour la seconde fois à Munich lorsque je m'y trouvais déjà. Vladimir Ilitch refusa de le recevoir. J'allai le voir chez Véra Zassoulitch. L'entrevue fut des plus pénible. Strouvé était profondément offensé. Cela sentait

----

1. Parti ami de Strouvé.

le drame à la Dostoïevski. Il disait qu'on le considérait comme un renégat et bien d'autres choses
du même goût, il se moquait amèrement de lui-
même. Je ne me rappelle plus exactement ses
paroles, mais je me souviens de la pénible impression que j'emportai de cette entrevue. C'était
évidemment un homme étranger, hostile au Parti.
Vladimir Ilitch avait raison. Plus tard, la femme
de Strouvé chargea quelqu'un de nous transmettre ses amitiés et une boîte de pâtes de fruits.
Elle était impuissante et, d'ailleurs, se rendait-
elle bien compte de la voie où s'engageait son
mari? Pour lui, il le savait parfaitement.

Après mon arrivée, nous allâmes habiter chez
des ouvriers allemands. C'était une nombreuse
famille composée du père, de la mère et de six
enfants. Tout ce monde s'entassait dans la cuisine et une toute petite chambre. Mais il y régnait
une propreté éblouissante, les mioches étaient
toujours nets et d'une grande politesse. Je déci-
dai que Vladimir Ilitch avait besoin d'un régime
substantiel et je me chargeai de la préparation
des repas. J'avais droit au fourneau de la cuisine, mais je devais tout préparer dans notre
chambre. Je m'efforçais de faire le moins de
bruit possible, car, à cette époque, Vladimir
Ilitch avait déjà commencé son *Que faire ?*
Quand il écrivait, il avait l'habitude d'arpenter
la pièce à grands pas et d'exposer à mi-voix ce
qu'il avait l'intention d'écrire. Je m'étais déjà
adaptée à cette manière de faire. Pendant qu'il
écrivait, je ne lui adressais pas une seule fois

la parole. Ensuite, à la promenade, il me racontait
ce qu'il faisait, ce qu'il pensait. Cela devint pour
lui un besoin aussi pressant que celui de se chu-
choter un article avant de l'écrire. Nous par-
courions les environs de Munich avec ardeur,
choisissant les endroits les plus sauvages, les
moins fréquentés.

Au bout d'un mois nous nous installâmes dans
un petit appartement de l'un des nombreux immeubles neufs du faubourg Schwabing. Nous
fîmes l'acquisition d'un modeste « mobilier »
(que nous revendîmes en partant pour 12 marks)
et nous pûmes vivre à notre guise.

Après le déjeuner, vers une heure, arrivait
Martov, puis les autres, et la réunion de la « rédaction » commençait. Martov parlait sans répit
et sautait continuellement d'un sujet à l'autre.
Il lisait énormément, apprenait toujours une
quantité de nouvelles, savait tout ce qui se passait. « Martov est un journaliste typique, disait
fréquemment de lui Vladimir Ilitch, il a beaucoup de talent, saisit tout au vol; il est extrêmement impressionnable, mais il prend tout à la
légère. » Pour l'*Iskra*, Martov n'avait pas son
pareil.

Ces entretiens quotidiens de cinq à six heures
d'affilée fatiguaient énormément Vladimir Ilitch,
le rendaient malade et incapable de travailler. Il
me pria un jour d'aller trouver Martov pour lui
demander de ne pas venir chez nous. Il fut entendu que j'irais chez Martov et que je m'enten-
drais avec lui au sujet des lettres reçues. Le résul-

tat fut négatif, car, au bout de deux jours, les choses recommencèrent comme auparavant. Martov ne pouvait se passer de ces causeries. En sortant de chez nous, il allait s'installer pendant des heures entières dans un café avec Véra Zassoulitch, Dimka, Blumenfeld [1].

Puis Dan arriva avec sa femme et ses enfants. Martov alla passer tout son temps chez eux.

Au mois d'octobre nous allâmes à Zurich pour opérer la fusion avec le *Rabotchéié Diélo*. Mais la fusion n'eut pas lieu. Akimov, Kritchevsky et les autres en arrivèrent à échanger des paroles fort peu amènes. Martov s'emporta furieusement contre les gens du *Rabotchéié Diélo* et alla même jusqu'à arracher sa cravate; je ne l'avais jamais vu dans cet état. Plékhanov fut étincelant de verve. On rédigea une résolution sur l'impossibilité de la fusion. Dan en donna lecture d'une voix blanche. « Nonce du pape! » lui crièrent les adversaires.

Cette scission fut absolument indolore. Martov, Lénine ne travaillaient pas avec le *Rabotchéié Diélo*, et en somme, il n'y avait pas de rupture puisqu'il n'y avait pas de travail commun. Quant à Plékhanov, il était enchanté de voir hors de

---

1. Blumenfeld composa l'*Iskra* d'abord à Leipzig, ensuite à Munich dans les imprimeries social-démocrates allemandes. C'était un excellent compositeur et un bon camarade. Il se montrait plein de zèle pour la cause. Il aimait beaucoup Véra Zassoulitch et avait pour elle une grande sollicitude. Il ne s'entendait pas avec Plékhanov. On pouvait compter entièrement sur lui, car il accomplissait toujours jusqu'au bout ce qu'il entreprenait.

combat un adversaire contre lequel il avait eu tant à lutter et il se montrait gai et communicatif.

Nous étions descendus dans le même hôtel, nous prenions nos repas ensemble, et le temps se passa aussi bien que possible.

Parfois cependant apparaissait une légère divergence au sujet de certaines questions.

Je me souviens d'une conversation qui eut lieu à cette époque. Nous nous trouvions dans un café, dans une pièce donnant sur une salle de gymnastique où avaient lieu précisément des exercices d'escrime. Des ouvriers, munis de boucliers, croisaient des glaives en carton. Plékhanov se mit à rire: « C'est ainsi que nous nous battrons sous le régime futur ». En rentrant à l'hôtel, Axelrod, qui marchait à côté de moi, continua à développer le thème effleuré par Plékhanov : « On s'ennuiera mortellement sous le régime futur, car on ne luttera plus ».

A cette époque, j'étais encore d'une timidité sauvage et je ne répondis rien, mais je me sentis vexée pour le régime futur.

De retour à Munich, Vladimir Ilitch acheva *Que faire?* Par la suite, cet ouvrage s'est trouvé en butte aux attaques furieuses des menchéviks, mais, à cette époque, tous le lurent avec avidité surtout ceux qui touchaient de près à l'activité révolutionnaire russe. Toute cette brochure était un ardent appel à l'organisation, dont elle esquissait un vaste plan, dans lequel chacun pouvait occuper une place, devenir un ressort indispensable, si petit fût-il, au fonctionnement de la machine révolutionnaire. Elle invitait à travailler inlassablement, non pas en paroles, mais en réalité, à la construction de la base nécessaire à l'existence du Parti dans les conditions de la Russie d'alors.

Un social-démocrate ne doit pas craindre le travail prolongé ; il faut travailler sans répit, être toujours prêt à tout : depuis la sauvegarde de l'honneur, du prestige et de la vie du Parti au moment de la plus forte « oppression » révolutionnaire jusqu'à la préparation, le déclenchement et la réalisation de l'insurrection armée du peuple, écrivait Vladimir Ilitch dans *Que faire ?*

Vingt-quatre années — et quelles années! — se sont écoulées depuis que cette brochure a été écrite. Les conditions de l'activité du Parti se sont radicalement modifiées, des tâches toutes nouvelles se dressent devant le mouvement ouvrier, et, cependant, on est encore soulevé par l'émotion révolutionnaire émanant de ce petit livre, que doivent étudier tous ceux qui veulent devenir léninistes non pas en paroles, mais en réalité.

Si les *Amis du peuple* ont fortement contribué à déterminer la voie dans laquelle devait s'engager le mouvement révolutionnaire, *Que faire?* a établi le plan d'un vaste travail révolutionnaire et a tracé une tâche précise.

Il était clair que le congrès du Parti était encore prématuré, que les bases n'en avaient pas encore été jetées, qu'il fallait encore un long travail préparatoire. Aussi personne ne prit-il au sérieux la convocation lancée par le Bund d'un congrès à Biélostok. *L'Iskra* y délégua Dan, qui emporta une valise dont les doubles parois avaient été remplies d'exemplaires de *Que faire?* Le congrès de Biélostok se mua en conférence.

L'Iskra travaillait à merveille. Son influence s'étendait de plus en plus. On préparait le programme du Parti en vue du congrès. Plékhanov et Axelrod vinrent à Munich pour en discuter. Plékhanov attaqua certains passages du projet de programme élaboré par Lénine. Véra Zassoulitch n'était pas pleinement d'accord avec ce dernier, mais elle ne l'était pas non plus entièrement avec Plékhanov. Axelrod se rangeait également en partie à l'avis de Lénine. La séance fut pénible. Véra Zassoulitch ayant essayé de faire des objections à Plékhanov, celui-ci prit un air inaccessible, se croisa les bras et la regarda de telle façon qu'elle en perdit complètement le fil de son discours. Il fallut en arriver au vote. Mais, avant le vote, Axelrod, qui était de l'avis de Lénine sur la question discutée, déclara qu'il avait mal à la tête et qu'il avait besoin de prendre l'air.

Vladimir Ilitch était en proie à une agitation fébrile. Impossible de travailler dans de telles conditions. Etait-ce là une discussion d'affaires?

C'est alors que se posa la nécessité d'envisager le travail à la manière d'une affaire afin d'en écarter tout élément personnel et d'empêcher les caprices, les relations individuelles, d'influencer les décisions.

Vladimir Ilitch se montrait douloureusement affecté de la moindre divergence avec Plékhanov, il s'énervait, en perdait le sommeil. Quant à Plékhanov, il se fâchait et boudait.

Après avoir lu l'article de Vladimir Ilitch pour le quatrième numéro de la *Zaria*, Plékhanov le retourna à Véra Zassoulitch avec des annotations marginales dans lesquelles son dépit se donnait libre cours. Lorsqu'il en eut pris connaissance, Vladimir Ilitch se sentit complètement désorienté et s'en montra fort agité.

A cette époque, il se trouva que l'*Iskra* ne pouvait plus être imprimée à Munich, le propriétaire de l'imprimerie ne voulant plus en courir le risque. Il fallait s'en aller. Où? Plékhanov et Axelrod opinaient pour la Suisse, les autres, qui avaient senti l'atmosphère orageuse de la séance de discussion du programme, désignèrent Londres.

Ce temps passé à Munich nous laissa dans la suite un souvenir agréable. Les années d'émigration qui suivirent furent bien plus pénibles. A Munich, les relations personnelles entre Vladimir Ilitch, Martov, Potressov et Zassoulitch ne s'étaient pas encore envenimées. Toutes les forces tendaient au même but, c'est-à-dire à la création d'un journal panrusse, et elles se concentraient toutes autour de l'*Iskra*. Tous sentaient que l'organisation se développait et que la voie choisie pour la création du Parti était la bonne.

C'est pourquoi nous avions trouvé moyen de

nous amuser de bon cœur à l'époque du carnaval et de nous laisser entraîner par l'exceptionnelle joie de vivre que tous ressentaient pendant le voyage de Zurich.

La vie locale ne nous attirait pas autrement. Nous l'observions sans y prendre part. Nous nous rendions quelquefois aux réunions, mais, en général, elles n'étaient guère intéressantes. Je me souviens de la fête du Premier Mai. Cette année-là, la social-démocratie allemande avait été autorisée pour la première fois à défiler en cortège, à la condition de ne pas se masser dans la ville et d'organiser la fête hors des murs.

Et nous pûmes contempler des colonnes assez imposantes de social-démocrates, accompagnés de leur famille, un radis noir dans leur poche, traverser la ville en silence, à pas redoublés, pour aller boire de la bière dans un restaurant des environs. Cette *Maifeier* (fête de mai) ne ressemblait nullement à une manifestation en l'honneur du triomphe de la classe ouvrière dans le monde entier.

Comme nous nous tenions dans la plus stricte clandestinité, nous n'avions aucune relation avec les camarades allemands. Nous fréquentions seulement Parvus, qui habitait non loin de chez nous, dans le faubourg Schwabing, avec sa femme et son petit garçon. Rosa Luxembourg vint un jour chez lui et Vladimir Ilitch alla s'entretenir avec elle. A cette époque, Parvus, qui se tenait à l'extrême gauche, collaborait à l'*Iskra* et s'intéressait aux affaires russes.

Nous nous rendîmes à Londres par Liége, où se trouvaient alors d'anciens amis des cours du soir, Nicolas Mestchériakov et sa femme. A l'époque où je fis sa connaissance, Mestchériakov était encore membre de la *Narodnaïa Volia*, et ce fut lui qui m'initia à l'activité clandestine, aux règles de la conspiration et contribua à faire de moi une social-démocrate en me fournissant en abondance les éditions étrangères du groupe Libération du Travail.

Maintenant, il était devenu social-démocrate, habitait la Belgique depuis longtemps, connaissait parfaitement le mouvement local, et nous résolûmes d'aller le voir en passant.

A ce moment, une agitation extraordinaire régnait à Liége. Quelques jours auparavant, les troupes avaient tiré sur les ouvriers en grève. Aux visages des ouvriers, aux groupes qui stationnaient dans les rues, on pouvait juger de l'émotion populaire. Nous allâmes voir la Maison du Peuple. L'emplacement en est très mal choisi, il est facile d'enfermer la foule dans la souricière formée par la place s'étendant devant la maison. Les ouvriers cherchaient à s'y rendre; aussi, pour prévenir un attroupement à cet endroit, les dirigeants du Parti avaient-ils organisé des réunions dans tous les quartiers ouvriers. Et l'on sentait comme de la méfiance à l'égard des chefs de la social-démocratie belge. On assistait à une sorte de division du travail : les uns tiraient sur la foule, les autres cherchaient un prétexte pour la tranquilliser...

La vie à Londres

I

Londres nous frappa par son aspect grandiose. Et, bien que la brume fût incroyablement épaisse le jour de notre arrivée, le visage de Vladimir Ilitch s'éclaira soudain et il se mit à contempler avec curiosité cette citadelle du capitalisme, oubliant pour un temps Plékhanov et les conflits de la rédaction.

Nicolas Alexandrovitch Alexéiev, camarade émigré à Londres, possédant parfaitement l'anglais, nous attendait à la gare. Il se fit notre cicerone au début, car nous nous trouvions dans une situation assez embarrassante. Nous nous figurions connaître l'anglais, étant donné que, pendant notre séjour en Sibérie, nous avions même traduit de cette langue en russe un très gros livre de Webb. J'avais appris l'anglais pendant ma détention, à l'aide d'un manuel, sans en avoir jamais entendu prononcer un seul mot. A Chouchenskoïé, lorsque nous avions commencé à tra-

duire Webb, Vladimir Ilitch avait été épouvanté
de ma prononciation. « Ma sœur avait une institutrice, disait-il, elle ne prononçait pas du tout
comme cela. » Je ne discutai pas et fis tout mon
possible pour rectifier mon anglais. Une fois
arrivés à Londres, il se trouva que nous n'étions
pas plus capables de comprendre que de nous
faire comprendre et il nous arriva au début plus
d'une aventure ultra-comique. Vladimir Ilitch
s'en amusait, mais il était piqué au vif et il se
mit à étudier la langue avec ardeur.

Nous assistions à toute sorte de réunions, nous
faufilant aux premiers rangs et regardant attentivement le mouvement des lèvres de l'orateur.
Au début, nous allions assez souvent à Hyde-
Park. Là, devant les passants, les orateurs trai-
tent chacun leur sujet. Un athée prouve à une
poignée de curieux que Dieu n'existe pas — nous
écoutions volontiers l'un d'eux qui avait l'ac-
cent irlandais, plus facile à comprendre pour
nous. A côté de lui, un officier de l'Armée du
Salut lance des invocations hystériques au Dieu
tout-puissant ; un peu plus loin, un commis
parle de la vie de galère des employés des grands
magasins.

L'audition de ces discours nous était d'un
grand profit pour notre prononciation. Plus tard,
Vladimir Ilitch dénicha, par le moyen d'une annonce, deux Anglais désireux d'échanger des
leçons d'anglais contre des leçons de russe, et il
se mit à travailler assidûment avec eux. Il finit
par posséder assez bien la langue.

Vladimir Ilitch étudiait également la ville. Il ne visitait pas les musées de Londres, sauf le British Museum où il passait la moitié de son temps, attiré bien moins par les collections que par la plus riche bibliothèque du monde et par la facilité de s'y adonner à des travaux scientifiques. Au bout de dix minutes passées dans un musée d'antiquités, il ressentait une fatigue extraordinaire et, généralement, nous sortions prestement des salles remplies d'armures de chevaliers et des interminables enfilades garnies de toute sorte de vases antiques. Je me souviens d'un seul musée auquel Ilitch ne put s'arracher, celui de la révolution de 1848 à Paris, installé dans une petite salle, rue des Cordelières, je crois, et où il examina minutieusement chaque objet, chaque croquis.

Vladimir Ilitch étudiait le Londres vivant. Il aimait à grimper sur l'impériale des omnibus et à voyager longuement de la sorte par toute la ville. Le mouvement de cette immense cité commerçante lui plaisait. Les omnibus ne passaient pas dans les squares tranquilles bordés d'hôtels luxueux aux vitres étincelantes, enfouis dans la verdure, où l'on ne voyait que des cabs impeccables, ni dans les ruelles avoisinantes, sales et puantes, habitées par la population ouvrière de Londres, au milieu desquelles on accroche du linge et où l'on voit des enfants anémiés jouer sur le pas des portes.

Nous nous rendions à pied dans ces quartiers-là et, à la vue de ce révoltant contraste de la richesse et de la misère, Ilitch répétait entre ses dents : *Two nations !* (Deux nations !). Néanmoins, du haut de l'omnibus, nous pûmes observer plus d'une scène caractéristique. Près des bars se tenaient des clochards au visage enflé, couverts de haillons ; il n'était pas rare de voir au milieu d'eux une femme ivre, avec un œil poché, vêtue d'une robe de velours à traîne dont l'une des manches était en loques. Du haut de l'omnibus nous vîmes un jour un vigoureux *bobby* (sergent de ville), coiffé du casque à jugulaire caractéristique, poussant devant lui d'une poigne de fer un gamin chétif, apparemment un pickpocket, suivi de toute une foule qui hurlait et sifflait. Une partie des voyageurs de l'omnibus se dressèrent aussitôt et se mirent également à invectiver contre le jeune voleur. « Oui, oui », grommelait Vladimir Ilitch.

Par deux fois, perchés comme de coutume sur l'impériale, nous nous rendîmes vers le soir, un jour de paie, dans les quartiers ouvriers. Tout le long du trottoir d'une large artère (*road*) étaient disposés des étalages éclairés chacun d'une torche, autour desquels se pressait une foule bruyante d'ouvriers et d'ouvrières achetant toutes sortes de victuailles et les mangeant sur-le-champ.

Vladimir Ilitch avait toujours été attiré par la foule ouvrière. Il se rendait partout où elle se trouvait — dans les promenades suburbaines, où les ouvriers fatigués s'étendent pendant quelques heures sur l'herbe, dans les bars, les salles de lecture. Ces dernières existent en grand nombre à Londres, elles sont composées d'une seule pièce donnant directement sur la rue et ne comportant pas un seul siège, mais seulement des stalles de lecture et des liasses de journaux accrochées aux murs; chacun prend un journal et le raccroche après l'avoir lu. Ilitch avait l'intention d'en installer partout chez nous par la suite.

Il fréquentait les restaurants populaires, les temples. En Angleterre, après les exercices du culte, on procède ordinairement dans les temples à la lecture d'un bref rapport, suivi d'une discussion. Vladimir Ilitch aimait tout particulièrement à entendre des discussions, dans lesquelles intervenaient des ouvriers du rang. Il cherchait dans les journaux les annonces des assemblées ouvrières devant avoir lieu dans les quartiers perdus, où il n'y avait ni parade, ni leaders, mais tout simplement des ouvriers de l'établi, comme on dit maintenant. La réunion était ordinairement consacrée à la discussion d'une question quelconque, du projet, par exemple, des cités-jardins. Vladimir Ilitch écoutait attentivement et il me disait ensuite, tout joyeux : « Tout en eux respire le socialisme ! Le rapporteur débite des lieux communs, mais, dès qu'un ouvrier prend la parole, il saisit le taureau par les cornes et s'attaque directement à l'essence même du régime capitaliste. »

Aussi Vladimir Ilitch avait-il bon espoir en l'ouvrier du rang anglais, qui avait conservé, malgré tout, son instinct de classe. Les étran-

gers ne voient ordinairement que l'aristocratie
ouvrière, embourgeoisée et dépravée par la bourgeoisie. Certes, Vladimir Ilitch étudiait également
ce sommet de la classe ouvrière, ces formes
concrètes que revêtait l'influence de la bourgeoisie, il n'oubliait pas un seul instant l'importance
de ce fait, mais il cherchait aussi à sonder les
forces motrices de la révolution future en Angleterre.

A quelles réunions n'avons-nous pas assisté !
Nous entrâmes un jour dans une église social-
démocrate. Il en existe en Angleterre. Un militant social-démocrate lut un passage de la Bible
d'une voix nasillarde, puis il se mit à prêcher sur
la sortie des Hébreux de l'Egypte, expliquant
qu'elle était la figure du passage des ouvriers du
royaume du capitalisme au royaume du socialisme.
Puis tous se levèrent et chantèrent en suivant le
texte dans des livres de prières social-démocrates:
« O Seigneur, faites-nous passer du royaume du
capitalisme dans le royaume du socialisme ».

Par la suite, nous nous rendîmes encore une
fois dans cette même église des « Sept-Sœurs »
à l'occasion d'une conférence pour la jeunesse.
Un jeune homme lut un rapport sur le socialisme municipal démontrant que la révolution n'est
nullement nécessaire, puis le social-démocrate
qui avait officié lors de notre première visite à
l'église des « Sept-Sœurs » déclara qu'il était
membre du Parti depuis douze ans, qu'il avait
toujours lutté pendant tout ce temps contre l'op-

portunisme, et que le socialisme municipal, c'était un opportunisme de la plus belle eau. —

Nous connaissons fort peu les socialistes anglais dans leur vie privée. Les Anglais sont un peuple réservé. Ils considéraient la bohème de l'émigration russe avec une surprise naïve. Je me souviens des questions que me posa un social-démocrate anglais, avec lequel nous nous trouvâmes un jour chez les Takhtarev : « Est-il possible que vous ayez été emprisonnée ? Si l'on avait emprisonné ma femme, je ne sais pas ce que j'aurais fait ! Ma femme ! »

Nous pûmes observer l'abrutissement de la petite bourgeoisie dans la famille ouvrière chez qui nous logions, ainsi que chez les Anglais avec lesquels nous échangions des leçons. Nous pûmes ainsi étudier à loisir la vulgarité, la platitude irrémédiable de l'existence petite-bourgeoise anglaise. Un des deux Anglais qui venaient travailler chez nous et qui dirigeait une grande librairie affirmait que, pour lui, le socialisme était la théorie appréciant le plus justement les choses. « Je suis un socialiste convaincu, disait-il, et même, à un moment donné, je me suis mis à militer. Mais mon patron me fit venir et me déclara qu'il n'avait pas besoin de socialistes et que, si je voulais rester à son service, je devais me tenir tranquille. Je réfléchis que le socialisme arriverait inévitablement, que je milite ou non, et que, d'autre part, j'avais une femme et des enfants. Aussi, maintenant, je ne dis plus à personne que je suis socialiste, mais à vous, je puis le dire. »

Ce mister Rymond, qui avait voyagé dans presque toute l'Europe, qui avait habité l'Australie et encore d'autres contrées, qui avait passé de longues années à Londres, n'avait pas vu la moitié de ce que Vladimir Ilitch avait pu observer à Londres en une année. Ilitch l'entraîna un jour à un meeting à White Chapel. Comme la plupart des Anglais, mister Rymond n'était jamais venu dans ce quartier, habité par des Juifs russes et animé d'une vie toute différente de celle du restant de la ville, et tout fut pour lui un sujet d'étonnement.

Selon notre habitude, nous flânions dans les environs de la ville. Nous allions le plus souvent à Prime Rose Hill. C'était la promenade coûtant le moins cher, elle revenait à six pence. Du haut de la colline, on voyait presque toute la masse enfumée de Londres. De là, nous nous enfoncions à pied dans les parcs et les chemins verdoyants. Nous aimions aussi Prime Rose Hill à cause de sa proximité du cimetière contenant la tombe de Marx. Nous nous y rendions à pied.

Nous nous rencontrâmes à Londres avec Apolline Iakoubova, membre de notre groupe pétersbourgeois. A Saint-Pétersbourg, c'était une militante très active, appréciée et aimée de tous ; en outre, je me trouvais liée avec elle par les cours que nous faisions à l'école du soir au delà de la Porte Nevsky et par notre commune amitié pour Lydie Mikhaïlovna Knipovitch. Condamnée à la déportation, Apolline s'était évadée, puis avait épousé Takhtarev, ancien rédacteur de la *Rabot-chaïa Muisl* [1]. Ils avaient émigré à Londres et se tenaient à l'écart de l'activité révolutionnaire.

Apolline se montra très heureuse de notre arrivée. Les Takhtarev nous prirent sous leur protection et nous aidèrent à nous installer à bon compte et avec un confort relatif. On se voyait régulièrement, mais, comme nous évitions de parler de la *Rabotchaïa Muisl*, une certaine froideur régnait dans nos relations. Un éclat se produisit à deux reprises. On s'expliqua. En janvier 1903, je crois, les Takhtarev annoncèrent officiellement qu'ils sympathisaient à la tendance de l'*Iskra*.

Ma mère devant arriver peu de temps après, nous résolûmes de vivre en famille, c'est-à-dire de louer deux chambres et de préparer nous-mêmes nos repas, nos estomacs russes ne s'accommodant guère de toutes ces « queues de bœuf », de ces cakes et puddings rissolés dans la graisse; en outre, nous étions obligés, à cette époque, de regarder à chaque centime, et la cuisine préparée à la maison revenait bien moins cher.

Nous nous étions arrangés on ne peut mieux au point de vue de la clandestinité. A cette époque, on n'exigeait pas de papiers à Londres, et l'on pouvait se faire enregistrer sous n'importe quel

---

1. *La Pensée ouvrière*, journal illégal à tendance économiste.

nom. Nous nous fîmes inscrire sous le nom de Richter. Autre circonstance favorable : les Anglais ne font pas de distinction entre les étrangers, et la logeuse nous prit tout le temps pour des Allemands.

Bientôt arrivèrent Martov et Véra Zassoulitch. Avec Alexéiev, ils s'érigèrent en commune assez près de nous, dans l'un des immeubles qui ressemblaient le plus aux maisons européennes. Vladimir Ilitch s'arrangea aussitôt pour aller travailler au British Museum.

Il s'y rendait ordinairement dès le matin, Martov arrivait chez moi de bonne heure, et nous nous mettions à dépouiller et à lire le courrier. Ainsi Vladimir Ilitch était débarrassé d'une bonne partie du vacarme qui le fatiguait tant.

Le conflit avec Plékhanov s'apaisa tant bien que mal.

Vladimir Ilitch s'en alla passer un mois en Bretagne, au bord de la mer, auprès de sa mère et de sa sœur Anna Ilinitchna. Il aimait le mouvement perpétuel de la mer et son étendue sans limites, près d'elle il trouvait le repos.

II

Dès que nous fûmes installés à Londres, des camarades vinrent nous trouver. Ce fut d'abord Inna Smidovitch — Dimka, qui repartit bientôt pour la Russie. Puis son frère Pierre Hermogénovitch, que Vladimir Ilitch affubla du nom de guerre de Matrona [1]. Il venait de subir une longue détention. A sa sortie de prison, il devint un fervent partisan de l'*Iskra*. Il s'était spécialisé dans le maquillage des passeports que, selon lui, il fallait d'abord laver avec de la sueur. Un certain temps, toutes les tables de la commune étaient retournées sens dessus dessous pour servir de presse aux passeports lavés.

Toute cette technique était fort primitive, comme d'ailleurs toute notre conspiration, dont on ne peut s'empêcher d'admirer la naïveté lorsqu'on relit la correspondance de l'époque avec la Russie. Toutes ces lettres traitant de mouchoirs de poche (passeports), de bière brassée, de chaudes fourrures (littérature clandestine), tous ces surnoms de villes ayant la même initiale que la ville (Odessa-Ossip, Tver-Térence, Poltava-Pétia, Pskov-Pacha, etc.), tous ces noms masculins employés pour désigner des femmes et vice-versa, tout cela était d'une transparence extraordinaire. Mais, alors, cela ne nous semblait pas aussi naïf et, d'ailleurs, cela donnait le change jusqu'à un certain point. Au début, les provocateurs n'étaient pas aussi nombreux que par la suite. Il n'y avait parmi nous que des hommes de confiance, se connaissant bien les uns les autres.

Nous possédions en Russie des agents de l'*Iskra* ; ils recevaient de l'étranger l'*Iskra*, la *Zaria*, des brochures, qu'ils s'occupaient de faire réimprimer dans les imprimeries clandestines et qu'ils

----

1. Nom de femme.

répartissaient entre les comités ; ils veillaient à faire parvenir les correspondances à l'*Iskra* et à tenir cette dernière au courant de toute l'activité clandestine menée en Russie, ils recueillaient pour elle des sommes d'argent.

A Samara (chez Sonia) demeuraient les « Rongeurs », c'est-à-dire Glieb Krjijanovsky (Claire) et sa femme Zénaïde (l'Escargot). Une des sœurs de Lénine, Maria Ilinitchna (l'Ourson), y demeurait également. Une sorte de noyau se constitua rapidement dans cette ville. Les Krjijanovsky avaient la spécialité de grouper les gens autour d'eux. Lengnik (Kurz) se fixa dans le Midi, d'abord à Poltava (chez Pétia), ensuite à Kiev. Lydie Knipovitch (Mon Oncle) habitait Astrakan. A Pskov demeuraient Lépiochinsky (Savate) et Lioubov [1] Radtchenko (Pacha). A cette époque, Stépane Radtchenko, complètement exténué, avait abandonné l'activité clandestine; par contre, son frère Ivan (Arcadius ou Cassian) travaillait sans répit pour l'*Iskra*. C'était un agent voyageur, de même que Silvine (le Vagabond), qui transportait l'*Iskra* dans toute la Russie. Baumann (Victor, l'Arbre, la Grolle) et Ivan Babouchkine (Bogdan) travaillaient à Moscou en contact étroit. Parmi les agents il y avait également Hélène Stassova (le Marc, l'Absolu) et, étroitement liée à l'organisation de Pétersbourg, Glafira Okoulova qui, après l'arrestation de Baumann, s'installa à Moscou (chez la Vieille) sous le nom de guerre de

---

1. Nom de femme.

Levraut. *L'Iskra* correspondait activement avec
tout ce monde. Vladimir Ilitch lisait attentivement chacune des lettres. Nous connaissions, à
un détail près, l'activité de chacun des agents de
l'*Iskra* et en discutions avec eux ; nous nous
empressions de renouer les liaisons rompues,
nous nous communiquions les arrestations, etc.

Il y avait à Bakou une imprimerie travaillant
pour l'*Iskra* dans la clandestinité la plus stricte ;
les frères Enoukidzé y collaboraient, Krassine (le
Cheval) en assumait la direction. Cette imprimerie était dénommée Nina.

On tenta ensuite d'installer une autre imprimerie (Akoulina) dans le nord, à Novgorod. Mais
elle fut promptement fermée.

L'ancienne imprimerie clandestine de Kichinev, dirigée par Akim (Léon Goldmann), n'existait déjà plus à l'époque de notre séjour à Londres.

Le transport avait lieu par Vilna.

Nos Pétersbourgeois avaient essayé d'organiser
le transport par Stockholm. Ce transport, dé-
nommé « la Bière », nécessita un échange de
correspondance interminable. Nous expédiâmes
nos brochures par quintaux à Stockholm, on nous
informa que la bière était arrivée. Nous étions
persuadés qu'elle était arrivée à Pétersbourg et
nous continuions à envoyer nos imprimés à
Stockholm. Plus tard, en 1905, en rentrant en
Russie par la Suède, nous apprîmes que la bière
se trouvait toujours dans la « brasserie », ou,
plus simplement, que notre littérature encombrait

toute une cave de la Maison du Peuple de Stockholm.

Les « tonnelets » étaient expédiés par Vardé; une seule fois, me semble-t-il, le colis arriva à destination, puis il y eut des empêchements.

On installa « Matrona » à Marseille. Il devait organiser le transport par l'intermédiaire des cuisiniers du bord des vapeurs se rendant à Batoum, où la réception était assurée par les « chevaux », c'est-à-dire nos gens de Bakou. D'ailleurs, la plus grande partie des envois fut jetée à la mer (les imprimés étaient enveloppés dans de la toile goudronnée et jetés à l'eau à un endroit convenu, puis repêchés par nos gens). Mikhaïl Kalinine, qui travaillait alors dans une usine à Saint-Pétersbourg et appartenait à l'organisation, fit remettre par le « Marc » une adresse à un matelot de Toulon. Le transport se fit par Alexandrie (Egypte), on tenta de l'organiser par la Perse, ensuite par Kaménetz-Podolsk, par Lemberg.

Tous ces transports demandaient une somme considérable d'argent, d'énergie, les risques courus étaient très grands, et c'est à peine si la dixième partie des envois arrivait à destination. On en faisait passer aussi dans les valises à double fond, dans les reliures des livres. Les envois de littérature étaient distribués en un instant.

Que faire ? avait un succès particulier. Cette brochure répondait à une série de questions pressantes. Tous sentaient vivement la nécessité d'une organisation clandestine fonctionnant régulièrement.

En juin 1902 eut lieu à Biélostok une conférence organisée par le *Bund* (Boris), dont tous les membres, à l'exception du délégué pétersbourgeois, furent arrêtés. C'est à cette occasion que furent arrêtés Baumann et Silvine.

On y avait décidé la constitution d'un comité d'organisation en vue de la convocation du congrès. Toutefois, la chose traîna en longueur. Il fallait une représentation des organisations locales, mais celles-ci avaient un caractère encore amorphe, hétérogène. A Pétersbourg, par exemple, l'organisation était divisée en un comité ouvrier (Mania) et en un comité intellectuel (Vania). Le comité ouvrier devait mener principalement la lutte économique, le comité intellectuel se chargeait de la haute politique. D'ailleurs cette haute politique était assez restreinte et semblait animée d'un esprit plutôt libéral que révolutionnaire.

Cette structure procédait directement de l'économisme qui, battu à plate couture sur le terrain des principes, se maintenait encore solidement par endroits. L'*Iskra* ne se faisait pas faute de la critiquer.

Vladimir Ilitch tint un rôle particulier dans la lutte menée en vue d'une structure rationnelle des organisations. Sa *Lettre* à Iérem ou, comme on l'appelle ordinairement, *Lettre à un camarade* (dont il sera question plus loin), joua un rôle exceptionnel dans l'organisation du Parti. Elle contribua à y renforcer l'élément ouvrier, à faire participer celui-ci à la solution de toutes les questions politiques importantes, elle fit tomber la cloison élevée par les partisans du *Rabotchéié Diélo* entre l'ouvrier et l'intellectuel. Pendant tout l'hiver de 1902-1903, les organisations furent déchirées par une lutte acharnée des divers courants ; les partisans de l'*Iskra* gagnaient du terrain peu à peu, mais il leur arrivait aussi d'être battus.

Vladimir Ilitch dirigeait la lutte des adeptes de l'*Iskra*, les mettant en garde contre une conception simpliste du centralisme, combattant la tendance à considérer chaque initiative, chaque effort particulier comme du « primitivisme ». Toute cette activité de Lénine, qui exerça une si profonde influence sur la composition des comités, est peu connue de la jeunesse, et pourtant elle a déterminé la figure de notre parti, posé les bases de l'organisation actuelle.

Les économistes du *Rabotchéié Diélo* se montraient fort courroucés de cette lutte qui leur faisait perdre leur influence et fulminaient contre les « ordres » émanant de l'étranger.

Le camarade Krasnoukha, chargé de traiter des questions d'organisation, arriva le 6 août de Pétersbourg muni du mot de passe : « Avez-vous lu le *Citoyen* n° 47 ? » A dater de ce jour on ne l'appela plus que le Citoyen. Vladimir Ilitch s'entretint longuement avec lui de l'organisation de Pétersbourg, de sa structure. P. Krassikov (surnommé aussi le Musicien, l'Epingle, Ignace,

Pancrace) et Boris Nicolaïévitch (Noskov) prirent part à la conférence. Le Citoyen fut envoyé de Londres à Genève pour s'entretenir avec Plékhanov et s'imprégner à fond de l'esprit de l'*Iskra*.

Au bout d'une quinzaine de jours, nous reçûmes de Pétersbourg, une lettre, signée Iérem, pleine de considérations sur la manière d'organiser le travail. Il était impossible de dire si cette lettre émanait d'un groupe ou d'un propagandiste isolé. D'ailleurs cela n'avait pas d'importance. Vladimir Ilitch se mit aussitôt à méditer sa réponse, qui constitua la brochure : *Lettre à un camarade*. Elle fut d'abord tirée à la polycopie, puis, en juin 1903, elle fut éditée clandestinement par le comité sibérien.

Babouchkine, qui s'était évadé de la prison d'Iékatérinoslav, arriva au début de septembre 1902. Il avait pu s'enfuir et passer la frontière avec Horowitz, grâce à des collégiens, qui lui avaient teint les cheveux, lesquels devinrent bientôt couleur grenat, attirant ainsi l'attention générale. Il étaient encore de cette couleur quand il arriva chez nous. En Allemagne, il était tombé entre les pattes de commissionnaires qui voulaient à toute force l'expédier en Amérique, et il n'avait réussi qu'à grand'peine à leur échapper. Nous l'installâmes à la commune où il demeura pendant tout son séjour à Londres.

Entre temps, il s'était considérablement développé au point de vue politique. C'était maintenant un révolutionnaire fortement trempé, sa-

chant juger par lui-même des choses et des gens,
qui avait vu une quantité d'organisations ouvrières et qui, ouvrier lui-même, savait comment
il fallait s'y prendre avec les ouvriers. Lorsqu'il
avait commencé, quelques années auparavant, à
fréquenter l'école du soir à Saint-Pétersbourg,
c'était un gars manquant totalement d'expérience.
Il faisait partie, au début, du groupe dirigé par
Lydie Knipovitch. Pendant une leçon de russe,
comme il s'agissait de trouver des exemples de
grammaire, Babouchkine écrivit au tableau noir :
« Il y aura bientôt une grève à l'usine ». Après
la leçon, Lydie le prit à l'écart et se mit à le
morigéner : « Un vrai révolutionnaire ne doit
pas le crier sur les toits, il faut être maître de
soi, etc. » Babouchkine rougit, mais il considéra
dès lors Lydie comme sa meilleure amie, il lui
demandait souvent conseil et avait une manière
toute particulière de lui parler.

Plékhanov arriva à Londres à la même époque. Babouchkine fut invité à une réunion où
l'on devait traiter des affaires russes. Il avait là-
dessus une opinion bien arrêtée, qu'il se mit à
défendre avec fermeté, si bien qu'il réussit, par
son attitude, à imposer à Plékhanov, qui l'obser-
va avec attention. D'ailleurs, Babouchkine ne parla de son activité future en Russie qu'à Vladimir
Ilitch, avec qui il était particulièrement lié.

Je me souviens aussi d'un trait insignifiant,
mais caractéristique. Nous étant rendus à la
commune deux jours après l'arrivée de Babouchkine, nous fûmes frappés de la propreté qui y

régnait : rien ne traînait dans les coins, les tables étaient soigneusement recouvertes de papier de journal, le plancher était balayé. C'était Babouchkine qui avait opéré cette transformation. « L'intellectuel russe vit dans la saleté, il lui faut des domestiques, parce qu'il ne sait pas réparer le désordre qu'il fait », nous dit-il.

Il partit bientôt pour la Russie. Nous ne le revîmes plus. En 1906, il fut arrêté en Sibérie où il transportait des armes et fut fusillé avec ses compagnons au bord d'une fosse ouverte.

Avant son départ, des partisans de l'*Iskra* évadés de la prison de Kiev étaient arrivés à Londres : Baumann, Krokhmal, Blumenfeld (ce dernier, parti pour la Russie avec une valise contenant de la litérature illégale, avait été arrêté à la frontière avec la valise et les adresses et emprisonné à Kiev), Vallakh (Litvinov, Papa), Tarsis (Vendredi).

Nous savions que l'on préparait une évasion à Kiev. Deutch, qui venait de réapparaître sur la scène et qui était un spécialiste des évasions, affirmait que c'était une chose irréalisable. Elle réussit cependant. On avait fait passer du dehors des cordes, une ancre, des passeports. Pendant la promenade, les prisonniers ligotèrent la sentinelle et le surveillant et passèrent par-dessus le mur. Seul, Silvine, qui tenait le surveillant et qui venait le dernier, n'eut pas le temps de fuir.

Plusieurs jours se passèrent comme dans un rêve.

Vers le milieu du mois d'août, nous reçûmes une lettre de la rédaction du *Ioujny Rabotchi* [1], organe clandestin très populaire, nous informant des arrestations opérées dans le Midi et du désir de la rédaction d'entrer en rapports étroits avec l'organisation de l'*Iskra* et de la *Zaria*, nous assurant de sa solidarité avec nos points de vue. C'était là, assurément, un grand pas vers la concentration des forces. Cependant, dans une autre lettre, le *Ioujny Rabotchi* marquait son mécontentement de la violence avec laquelle l'*Iskra* menait la polémique contre les libéraux. Puis, il fut question de l'indépendance que le groupe du *Ioujny Rabotchi* estimait devoir conserver, etc. On sentait dans tout cela pas mal de réticences.

Entre temps, nos amis de Samara nous informaient que Bronstein (Trotsky) venait d'arriver chez eux après s'être évadé de Sibérie, que c'était un fervent partisan de l'*Iskra* et qu'il produisait une excellente impression. « Un véritable aiglon », écrivaient-ils à son sujet. On le baptisa Plume et on l'envoya à Poltava pour s'entendre avec le *Ioujny Rabotchi*. De ses pourparlers Trotsky emporta l'impression qu'il était possible de travailler avec le *Ioujny Rabotchi*, dont il précisa les points de désaccord avec nous : 1° sous-estimation du mouvement paysan ; 2° mécontentement provoqué par l'âpreté de la polémique avec les libéraux ; 3° désir du groupe de conserver son indépendance et d'éditer son organe populaire à lui.

_____
1. L'Ouvrier du Sud.

Quelque temps après — au début d'octobre, me semble-t-il — Trotsky arriva à Londres.

Un matin, de très bonne heure, j'entendis frapper à coups redoublés à la porte de la rue. Comme je savais que, quand on ne frappait pas de la manière habituelle, c'était à nous qu'on en voulait, je me hâtai de descendre ouvrir la porte. C'était Trotsky. Je le fis entrer dans notre chambre. Vladimir Ilitch venait de se réveiller et était encore au lit. Je les laissai pour aller m'expliquer avec le cocher, préparer le café, etc. Quand je revins, je trouvai Vladimir Ilitch toujours assis sur son lit, engagé avec Trotsky dans une conversation très animée sur un sujet assez abstrait. La réputation du « jeune aiglon » aussi bien que son premier entretien avec lui attirèrent tout particulièrement l'attention de Lénine sur le nouveau venu. Tous deux eurent de longues conversations et ils se promenèrent souvent ensemble.

Vladimir Ilitch l'interrogea sur sa visite au *Ioujny Rabotchi* et il fut conquis par la netteté des formules de Trotsky, par son habileté à saisir le fond même de la question, qui lui avait fait découvrir, à travers les déclarations de solidarité, le désir du petit groupe de conserver son indépendance sous le couvert d'un journal populaire.

En Russie, on réclamait instamment le retour de Trotsky. Vladimir Ilitch voulait le faire rester à l'étranger pour qu'il s'y formât et aidât à l'*Iskra*.

Plékhanov prit immédiatement Trotsky en suspicion : il voyait un lui un partisan des jeunes de l'*Iskra* (Lénine, Martov et Potressov), un disciple de Lénine. Lorsque Vladimir Ilitch lui envoya les articles de Trotsky, Plékhanov répondit: « La plume de votre « Plume » ne me plaît pas ». « Le style s'acquiert, rétorqua Vladimir Ilitch, c'est un homme capable de se former et qui rendra de grands services. » En mars 1903, il proposa de coopter Trotsky à la rédaction de l'*Iskra*.

Ce dernier partit bientôt pour Paris, où il fit ses débuts avec un succès extraordinaire.

III

Catherine Alexandrova (Jacques) arriva également d'Olekma, où elle avait été déportée. Elle avait été une des lumières de la *Narodnaïa Volia*, et son activité politique l'avait marquée d'un caractère particulier. Elle ne ressemblait nullement à nos jeunes filles impulsives et débraillées du genre de Dimka, étant au contraire très réservée. Maintenant elle s'était ralliée à l'*Iskra*. Ses paroles étaient pleines de bon sens.

Vladimir Ilitch avait une profonde vénération pour les vieux révolutionnaires de la *Narodnaïa Volia*. Lorsque Catherine Alexandrova vint à Londres, son admiration pour elle se trouva encore augmentée du fait qu'elle avait passé de la *Narodnaïa Volia* à l'*Iskra*. Quant à moi, je la considérais comme un être supérieur.

Avant d'adhérer définitivement à la social-démocratie, j'étais allée trouver les Alexandrov (Olminsky) pour demander un cercle d'ouvriers. Le modeste intérieur, les recueils de statistique encombrant l'appartement, Michel, qui se tenait silencieusement au fond de la pièce, Catherine, dont les paroles ardentes me pressaient d'adhérer à la *Narodnaïa Volia*, tout cela m'avait fortement impressionnée. J'en parlai à Vladimir Ilitch avant l'arrivée de Catherine. Nous entrâmes dans une phase d'engouement pour elle.

Vladimir Ilitch passait continuellement par des périodes d'engouement pour ses semblables. Il lui suffisait de trouver en quelqu'un une qualité estimable pour s'attacher aussitôt à lui...

Catherine Alexandrova quitta Londres pour Paris. Ses opinions « iskristes » ne furent pas de longue durée, elle contribua à la formation de l'opposition qui se dressa au II° congrès du Parti contre les visées « accapareuses » de Lénine. Ensuite, elle fit partie du C.C. conciliateur, puis elle abandonna la scène politique.

Parmi les camarades qui arrivèrent de Russie à Londres, je me souviens encore de Boris Goldmann (Adèle) et de Dolivo-Dobrovolsky (Dno).

J'avais déjà connu Boris Goldmann à Pétersbourg, où il s'occupait du travail technique en imprimant les tracts de la *Ligue de combat*. C'était un hésitant ; à Londres, il était partisan de l'*Iskra*. « Dno » était d'une douceur remarquable ; il ne faisait pas plus de bruit qu'une souris. Il repartit pour Pétersbourg, mais, peu de temps après, il perdit la raison, puis, à moitié guéri, il

se suicida. La vie clandestine était par trop pénible, et tous n'étaient pas capables de la supporter.

Pendant tout l'hiver on prépara activement le
congrès. En novembre 1902, on constitua un
comité d'organisation pour la préparation du
congrès (comité composé de représentants du
Ioujny Rabotchi, de l'*Union du Nord*, de Krass-
noukha, I. Radtchenko, Krassikov, Lengnik,
Krjijanovsky ; le *Bund* refusa au début d'en
faire partie).

Le nom du comité correspondait bien à sa destination. Sans un comité d'organisation, on n'eût
jamais pu convoquer le congrès. En dépit de la
surveillance rigoureuse de la police, il fallait assurer la tâche compliquée de la liaison organique
et idéologique entre les collectivités à peine for-
mées ou en voie de formation, entre les différents
points de la Russie et de l'étranger. Tout le travail des relations avec le C.C. et de la préparation du congrès retomba sur Vladimir Ilitch. Potressov était malade, ses poumons ne pouvant
s'adapter aux brouillards de Londres, et il était
parti quelque part se faire soigner. Londres et sa
vie renfermée pesaient à Martov, qui était allé
à Paris et n'en revenait plus. Deutch, un vieux
membre du groupe Libération du Travail évadé
du bagne, devait habiter Londres. Il était considéré comme un organisateur de premier ordre
par son groupe, qui comptait fortement sur lui.
« Quand Jenka (nom de guerre de Deutch) arri-
vera, disait Véra Zassoulitch, il organisera à

merveille les relations avec la Russie. » Plékhanov et Axelrod comptaient aussi sur lui, le con-
sidérant comme leur futur représentant à la
rédaction de l'*Iskra*, où il veillerait à tout. Toutefois, dès son arrivée, on s'aperçut que les longues années où il avait été à l'écart de la vie russe
avaient mis sur lui leur empreinte. Il fit preuve
d'une incapacité totale dans l'organisation des
relations avec la Russie, dont il ne connaissait
pas les conditions nouvelles. Il se sentait attiré
vers les groupements, il adhéra à la *Ligue des
social-démocrates russes à l'étranger*, entra en
relations avec les colonies d'émigrés et ne tarda
pas non plus à partir pour Paris.

Véra Zassoulitch, qui habitait Londres en per-
manence, aimait à entendre parler de l'activité
russe, mais elle n'était pas capable elle-même
d'assurer la tâche des relations avec la Russie.

Tout retomba sur Vladimir Ilitch. La correspondance avec la Russie lui brisait les nerfs. Passer des semaines, des mois entiers dans l'attente
des réponses aux lettres envoyées, appréhender
sans cesse l'effondrement de l'entreprise, demeurer continuellement dans l'ignorance de ce qui
se passait, c'était ce qui pouvait le moins conve-
nir au caractère de Vladimir Ilitch.

Il ne cessait de réclamer des nouvelles régulières :

Encore une fois, nous vous prions et vous con-
jurons avec la plus grande insistance d'écrire plus
souvent et avec plus de détails, — en particulier,

de nous envoyer au moins quelques mots pour nous accuser réception de la lettre, dès que vous l'aurez reçue, le jour même, sans faute...

Il ne cessait également de demander d'agir plus vite. Il passait des nuits blanches chaque fois qu'il recevait une lettre de Russie l'informant que « Sonia » (Samara) « est muette comme une morte », ou bien que « Zarine n'est pas entré à temps dans le comité » ou qu' « il n'y a pas de liaison avec la Vieille (Moscou) ». Ces nuits d'insomnie sont restées gravées dans ma mémoire.

Vladimir Ilitch rêvait la création d'un parti unique fortement soudé qui eût absorbé tous les cercles isolés dont les rapports avec le Parti étaient fondés sur des sympathies ou antipathies personnelles, d'un parti dans lequel il n'y eût aucune barrière artificielle, les barrières nationales y comprises. De là sa lutte contre le *Bund* dont les membres à cette époque, se plaçaient pour la plupart au point de vue du *Rabotchéïé Diélo*. Et Vladimir Ilitch ne doutait pas que si le *Bund* ne restait autonome que pour la gestion de ses affaires purement nationales, il en viendrait inévitablement à marcher de pair avec le Parti. Or le *Bund* voulait conserver son indépendance entière dans toutes les questions, il parlait de son parti politique, distinct du Parti ouvrier social-démocrate russe, il ne consentait à adhérer que sur la base du fédéralisme. Une telle tactique était mortelle pour le prolétariat juif, qui ne pouvait compter sur la victoire en luttant isolé-

ment et qui ne pouvait devenir une force qu'à la
condition de fusionner avec le prolétariat de toute
la Russie. C'est ce que les gens du *Bund* ne comprenaient pas. Et c'est pourquoi la rédaction de
l'*Iskra* menait contre le *Bund* une lutte des plus
âpre pour l'unité, pour la concentration du mouvement ouvrier. Toute la rédaction était engagée
dans cette lutte, mais les gens du *Bund* savaient
que Vladimir Ilitch en était le plus ardent ani-
mateur.

Peu de temps après, le groupe Libération du
Travail remit sur le tapis la question du transfert à Genève et, cette fois, Vladimir Ilitch se
trouva seul à opposer son veto. Nous fîmes donc
nos préparatifs. Vladimir Ilitch avait les nerfs
tellement ébranlés qu'il contracta une grave
affection nerveuse, le « feu sacré », qui consiste
dans l'inflammation des nerfs pectoraux et spi-
naux.

Dès que se produisit l'éruption, je me mis à
feuilleter un manuel de médecine. D'après le
caractère de cette éruption, je conclus qu'il s'agissait de l'herpès tonsurant. Takhtarev, qui avait
suivi les cours de la Faculté de Médecine, con-
firma mes suppositions et je fis à Vladimir Ilitch
des badigeonnages à la teinture d'iode, ce qui
lui occasionna des souffrances intolérables. Il ne
nous vint même pas à l'idée d'avoir recours à un
médecin anglais, car il eût fallu lui payer une
guinée. En Angleterre, les ouvriers se soignent
ordinairement par leurs propres moyens, les doc-
teurs se faisant payer fort cher. Pendant le

voyage, Vladimir Ilitch, pris de fièvre, s'agita continuellement, dut s'aliter en arrivant et garda le lit pendant deux semaines.

Pendant notre séjour à Londres, Vladimir Ilitch écrivit sa brochure *Aux paysans pauvres*. Elle compte parmi les travaux qui, loin de lui ébranler le système nerveux, lui procurèrent quelque satisfaction. Les soulèvements paysans de 1902 l'avaient conduit à la pensée d'écrire cette brochure. Il y expliquait ce que voulait le Parti ouvrier et pourquoi les paysans pauvres devaient faire alliance avec les ouvriers. Plus que toute autre, peut-être, cette brochure, terriblement vieillie, montre les progrès de la vie pendant ces quelques années. A l'époque, elle avait une grande importance. Le style en est simple et accessible. Ce fut la première brochure que Vladimir Ilitch adressait à la paysannerie. Il faudrait maintenant en écrire une autre analogue pour expliquer aux paysans le programme actuel du Parti communiste. Dans les derniers temps de sa vie, Vladimir Ilitch m'avait parlé un jour de la nécessité de combler cette lacune.

Nous arrivâmes à Genève en avril 1903.

Genève

Avant le deuxième congrès

Nous nous installâmes dans la banlieue de Genève, dans la cité ouvrière de Séchéron, où nous louâmes une petite maison composée d'une vaste cuisine dallée occupant tout le rez-de-chaussée et de trois petites chambres au premier. La cuisine nous servait aussi de salle de réception. Les caisses de livres et de vaisselle remplaçaient les meubles absents. Ignace (Krassikov) l'appela un jour en riant « repaire de contrebandiers ». Ce fut bientôt une cohue incroyable. Quand on voulait parler à quelqu'un en particulier, il fallait aller dans le parc voisin ou sur le bord du lac.

Les délégués commencèrent à arriver peu à peu. Ce furent d'abord les Démentiev. Kostia (la femme de Démentiev) éblouit Vladimir Ilitch par sa science du transport clandestin. « Voilà ce qui s'appelle connaître le métier, répétait-il, cela, c'est du travail et non des paroles oiseuses. » Vint ensuite Lioubov Radtchenko, avec laquelle nous étions intimement liés, et ce furent des entretiens interminables. Puis arrivèrent les délégués de Rostov, Goussiev et Lockermann, ensuite Zemliatchka, Schottmann (Berg), Mon Oncle, le Jeune Homme (Dmitri Ilitch). Chaque jour nous amenait quelqu'un. Nous nous entretenions avec les délégués au sujet des questions du programme, du *Bund*, nous écoutions leurs récits. Martov, qui ne se lassait pas de causer avec eux, avait pris racine chez nous. Puis Trotsky arriva. On le mit aussi à contribution. On envoya loger chez lui, pour s'y « instruire », le délégué pétersbourgeois Schottmann, fraîchement débarqué.

Il s'agissait d'éclairer les délégués sur la position du *Ioujny Rabotchi* qui, sous le couvert d'un journal populaire, voulait conserver son droit à une existence indépendante. Il fallait montrer que l'existence clandestine d'un journal populaire l'empêchait de devenir un journal de masse et constituait un obstacle à sa diffusion parmi les masses. Trotsky se chargeait de défendre la position de Vladimir Ilitch et de Martov dans cette question, Plékhanov devait soutenir la thèse opposée. Les délégués se réunirent au café Landold pour assister à la discussion entre Plékhanov et Trotsky. Ils avaient déjà eu l'occasion, pour la plupart, de connaître le *Ioujny Rabotchi* en Russie et ils se prononcèrent pour la position de Trotsky. Plékhanov était hors de lui.

De nouveaux malentendus s'élevèrent parmi la rédaction de l'*Iskra*. La situation devint intolé-

rable. La rédaction était habituellement divisée
en deux camps: Plékhanov, Axelrod, Zassoulitch, d'une part ; Lénine, Martov, Potressov, de
l'autre. Vladimir Ilitch renouvela la proposition
qu'il avait déjà faite au mois de mars de coopter
Trotsky à la rédaction comme septième membre.
En raison du veto formel opposé par Plékhanov,
la cooptation ne put avoir lieu. Vladimir Ilitch
sortit un jour de la réunion de la rédaction dans
un état de surexcitation extraordinaire. « Le diable les confonde! me dit-il, personne n'a le cou-
rage de répondre à Plékhanov. Vera Zassoulitch
par exemple! Plékhanov attaque Trotsky avec
furie et elle ne trouve à dire que: « Mais, Georges, c'est seulement parce qu'il a la voix très
forte! » Moi, je ne peux pas supporter cela! »

Provisoirement, jusqu'au congrès, on coopta
Krassikov, car il fallait un septième à la rédaction. En même temps, Vladimir Ilitch se mit à
étudier la question du triumvirat, question très
délicate que l'on n'abordait pas avec les délégués. Il était trop pénible d'avoir à dire que la
rédaction de l'*Iskra* telle qu'elle était composée
jusqu'alors était devenue incapable de faire de
bon travail.

Les arrivants se plaignaient des membres du
comité d'organisation : l'un était accusé de
rudesse, de négligence, l'autre de passivité; il y
avait aussi une pointe de mécontentement au
sujet des velléités autoritaires de l'*Iskra*, mais il
ne semblait pas y avoir de divergences et les cho-

ses paraissaient devoir aller pour le mieux après le congrès.

Les délégués étaient tous arrivés, il ne manquait que Claire et Kurz.

Le deuxième congrès

On avait projeté au début de convoquer le congrès à Bruxelles, où d'ailleurs eurent lieu les premières séances. C'est dans cette ville que demeurait alors Koltsov, vieux partisan de Plékhanov. Il s'était chargé de l'organisation de l'entreprise. Mais il se trouva que la chose était bien plus difficile qu'on ne l'avait cru. A leur arrivée, les membres du congrès devaient se rendre chez Koltsov. Mais, quand la logeuse de ce dernier eut vu pénétrer dans l'appartement trois ou quatre Russes, elle déclara tout net qu'elle ne souffrirait pas plus longtemps ces allées et venues et que, s'il venait encore une seule personne, elle prierait ses locataires de déménager aussitôt. Aussi la femme de Koltsov alla-t-elle se poster toute une journée au coin de la rue, pour saisir les délégués au passage et les diriger sur l'auberge socialiste du *Coq d'or* (c'est ainsi qu'elle s'appelait, je crois).

Toute la bande des délégués s'installa donc bruyamment au *Coq d'or* et Goussiev, mis en train par un petit verre de cognac, chantait tous les soirs des airs d'opéra, d'une voix si puissante que la foule s'assemblait sous les fenêtres de l'hôtel. (Vladimir Ilitch prenait grand plaisir à écouter chanter Goussiev, surtout lorsqu'il entonnait: *Ce n'est pas à l'église qu'on nous a mariés.*)

Pour entourer le congrès de plus de mystère, le Parti belge avait imaginé d'installer l'assemblée dans un immense entrepôt de farines. Notre irruption dérouta non seulement les rats, mais encore les agents de police. On se mit à parler de révolutionnaires russes tenant des assemblées secrètes.

Il y avait au congrès 43 délégués avec voix délibérative et 14 avec voix consultative. Comparé aux congrès actuels, où des centaines de milliers de membres du Parti sont représentés en la personne de nombreux délégués, il peut sembler insignifiant, mais, à l'époque, il paraissait important: en 1898, le premier congrès ne comptait que 9 personnes... On sentait qu'on avait marché de l'avant en cinq ans. Et surtout, les organisations qui avaient envoyé les délégués étaient enfin sorties de leur état embryonnaire, elles s'étaient constituées et se trouvaient liées au mouvement ouvrier en voie de développement.

Comme ce congrès avait occupé la pensée de Vladimir Ilitch! Toute sa vie — jusqu'à sa mort — il attribua une importance exceptionnelle aux congrès du Parti: il les considérait comme l'instance suprême où ne devait subsister rien de personnel; on ne devait rien y dissimuler, tout devait être dit ouvertement. Il se préparait toujours avec le plus grand soin aux congrès du Parti, il étudiait minutieusement les discours qu'il devait y prononcer. La jeunesse actuelle, qui ne sait pas ce que c'est que d'attendre pendant des années la possibilité d'examiner en commun, avec l'ensemble du Parti, les questions primordiales du programme et de la tactique du Parti, qui ne peut se figurer toutes les difficultés liées, à cette époque, à la convocation d'un congrès clandestin, ne comprendra probablement pas entièrement ce sentiment d'Ilitch à l'égard des congrès du Parti.

Plékhanov attendait le congrès avec non moins d'ardeur. Ce fut lui qui prononça le discours d'ouverture. La grande baie de l'entrepôt de farines près de la tribune improvisée était tendue d'étoffe rouge. Tous étaient émus. Le discours de Plékhanov était empreint de solennité et tout vibrant d'une émotion sincère. Comment en aurait-il pu être autrement! Il lui semblait que les longues années d'émigration s'étaient enfuies dans le passé, il était là, présidant l'ouverture du congrès du Parti ouvrier révolutionnaire social-démocrate russe.

Le 2ᵉ congrès fut, à proprement parler, un congrès constituant. On y traita des questions fondamentales de la théorie, on y posa les bases de l'idéologie du Parti. Au 1ᵉʳ congrès, on s'était borné à fixer le nom du Parti et à élaborer le manifeste annonçant sa constitution. Jusqu'au 2ᵉ congrès le Parti n'avait pas eu de programme. La rédaction de l'*Iskra* se chargea de son élaboration. Ce programme fut l'objet de longues discussions. Chaque mot, chaque phrase étaient pesés, examinés à la loupe. Des mois durant, les membres de la rédaction habitant Munich échangèrent avec leurs collègues de Genève une volumineuse correspondance à ce sujet. Ceux qui se livraient davantage à l'action pratique considéraient tout cela comme des discussions de cabinet et ne voyaient aucune importance à l'intercalation ou à la suppression d'un « plus ou moins » quelconque.

A ce sujet, Vladimir Ilitch et moi, nous nous remémorâmes un jour une comparaison de Tolstoï. L'écrivain contait qu'en se promenant, il avait aperçu de loin un homme à croupetons faisant avec les bras des gestes ridicules; pensant qu'il s'agissait d'un fou, il s'était approché et avait vu alors que l'homme affutait tout simplement son couteau sur le bord du trottoir. Il en est ainsi des discussions théoriques. A les entendre de loin, il semble que les gens s'agitent en vain, mais si l'on se donne la peine d'approfondir, on s'aperçoit qu'il s'agit de la chose la plus essentielle. Il en était ainsi pour le programme.

Lorsque les délégués avaient commencé à se rassembler à Genève, c'était à la question du programme qu'on avait consacré l'étude la plus détaillée. Au moment du congrès, elle ne donna lieu à aucun incident.

Une autre question de la plus haute importance, discutée au 2ᵉ congrès, fut celle du *Bund*. Le 1ᵉʳ congrès avait établi que le *Bund*, quoique autonome, faisait partie intégrante du Parti. Pendant les cinq années qui s'étaient écoulées depuis le 1er congrès, le Parti, en tant que bloc homogène, n'avait, en somme, pas existé, et le *Bund* avait mené une existence individuelle, qu'il prétendait prolonger en n'établissant avec le P.O.S. D.R. que des rapports fédératifs. La raison inavouée de cette attitude était que le *Bund*, se faisant l'écho des tendances des artisans des petites localités juives, portait bien plus d'intérêt à la lutte économique qu'à la lutte politique et se montrait par suite bien plus sympathique aux économistes qu'à l'*Iskra*. Il s'agissait de se prononcer pour l'existence dans le pays soit d'un parti ouvrier, unique et puissant, groupant étroitement autour de lui les ouvriers de toutes nationalités demeurant sur le territoire russe, soit de plusieurs partis ouvriers divisés par nationalités. On parlait d'un groupement international à l'intérieur du pays. La rédaction de l'*Iskra* opinait pour le groupement international de la classe ouvrière ; le *Bund* pour la division nationale et pour des rapports contractuels amicaux entre les partis ouvriers nationaux de la Russie.

La question du *Bund* fit également l'objet d'une discussion détaillée avec les délégués, qui la résolurent, à une forte majorité, dans l'esprit de l'*Iskra*.

Plus tard, le fait de la scission voila aux yeux d'un grand nombre les questions de principe de la plus haute importance qui furent posées et résolues au 2e congrès. Au cours de la discussion de ces questions, Vladimir Ilitch se sentit particulièrement proche de Plékhanov. Le dis-

cours dans lequel ce dernier proclama la thèse
« l'intérêt de la révolution est la loi suprême »
comme principe démocratique fondamental, sous
l'angle duquel devait être envisagé même le principe du suffrage universel, produisit sur Vladimir Ilitch une profonde impression. Il en fit men-
tion quatorze ans après, lorsque la question de la
dissolution de l'Assemblée constituante se dressa
devant les bolchéviks.

Un autre discours de Plékhanov sur l'importance de l'instruction publique, qu'il affirmait
être la « garantie des droits du prolétariat », se
trouva répondre également à la pensée de Vladimir Ilitch.

Plékhanov se sentit également proche de Lénine
pendant le congrès.

Répondant à Akimov, farouche partisan du
Rabotchéié Diélo, qui brûlait du désir de semer
la discorde entre Plékhanov et Lénine, Plékhanov dit en riant : « Napoléon avait la manie de
faire divorcer ses maréchaux ; certains d'entre
eux se plièrent à cette fantaisie, malgré l'amour
qu'ils éprouvaient pour leurs femmes. Sous ce
rapport, Akimov ressemble à Napoléon, il veut
me faire divorcer d'avec Lénine. Mais je ferai
preuve de plus de fermeté que les maréchaux de
Napoléon, je ne divorcerai pas d'avec Lénine et
j'espère qu'il n'en a pas non plus l'intention. »
Vladimir Ilitch se mit à rire en secouant appro-
bativement la tête.

Au moment de la discussion du premier point

de l'ordre du jour (constitution du congrès), un incident éclata soudain au sujet de la question de la participation du représentant du groupe *Borba* (Riazanov, Nievzorov, Gourévitch). Le C.O.[1] prétendit avoir au congrès son opinion propre. Ce qui importait, ce n'était pas le groupe *Borba*, mais le fait que le C.O. cherchait à lier ses membres, à la face du congrès par une discipline particulière. Il voulait intervenir en tant que groupe décidant préalablement de son vote. Il en résultait que, pour un membre du congrès, c'était le groupe qui devenait l'instance suprême et non le congrès même. Vladimir Ilitch laissa éclater son indignation. Mais il ne fut pas le seul à soutenir Pavlovitch (Krassikov) qui s'était élevé contre cette tentative; Martov et d'autres intervinrent également dans le même sens. Bien que le C.O. fût dissous par le congrès, l'incident était significatif et faisait prévoir toute sorte de complications. D'ailleurs, il se trouva provisoirement relégué au second plan par des questions d'une très grande importance de principe: celle de la place du *Bund* dans le Parti et celle du programme. Au sujet de la question du *Bund*, la rédaction de l'*Iskra* aussi bien que le C.O. et les délégués provinciaux furent unanimes. Le représentant du *Ioujny Rabotchi*, Iégorov (Lévine), membre du C.O., se prononça aussi avec la plus grande énergie contre le *Bund*. Après la séance, Plékhanov lui fit mille compliments et déclara que son dis-

---

1. Comité d'organisation.

cours devait être « publié dans toutes les com-
munes ».

Au début du congrès, Trotsky intervint avec
grand succès. Tous le considéraient alors comme
un partisan acharné de Lénine, et quelqu'un alla
jusqu'à l'appeler la « trique de Lénine ». Vladimir Ilitch lui-même était loin de penser que
Trotsky pût flancher par la suite. Le *Bund* était
battu à plate couture. La thèse que les particula-
rités nationales ne doivent pas empêcher l'unité
de travail du Parti, l'homogénéité du mouvement
social-démocrate, triomphait.

A ce moment, il nous fallut transférer nos
assises à Londres. La police bruxelloise s'était
mise à chercher chicane aux délégués et avait
même expulsé Zemliatchka et un autre camarade. Tout le monde s'en alla. A Londres, les
Takhtarev aidèrent de toutes leurs forces à l'organisation du congrès. La police de Londres ne
fit aucune difficulté.

On reprit la discussion au sujet du *Bund*. Puis,
tandis qu'on élaborait à la commission la question du programme, on passa au quatrième point
de l'ordre du jour, c'est-à-dire à la fixation de
l'organe central. L'*Iskra* fut désignée à l'unanimité, sous les murmures des partisans du *Rabotchéié Diélo*, et fut chaleureusement acclamée. Le
représentant du C.O. lui-même, Popov (Rozanov),
déclara qu'on voyait à ce congrès un parti unique, créé en grande partie grâce à l'activité de
l'*Iskra*. Akimov était perplexe: « Puisque nous
n'approuvons pas la rédaction de l'*Iskra*, qu'ap-

prouvons-nous donc? Un nom? » — « Non, camarade Akimov, ce n'est pas un nom que nous
approuvons, mais un drapeau, autour duquel
s'est rallié notre parti ! » lui répondit Trotsky. On
était à la dixième séance, il devait y en avoir 37.

Des nuages s'amoncelaient peu à peu au-des-
sus du congrès. On devait procéder à l'élection
des trois membres du C.C. Le noyau n'en était pas
encore constitué. Une candidature certaine était
celle de Gliébov (Noskov), connu comme un organisateur infatigable. Tout aussi certaine eût été
la candidature de Claire (Krjijanovsky) s'il se fût
trouvé au congrès. Mais il n'y était pas. Il fallait
voter « par procuration » pour lui et pour Kurz
(Lengnik), ce qui n'était guère commode. D'autre
part, il y avait au congrès beaucoup trop de
« généraux » candidats au C.C. Tels étaient Jacques (« Stein », Alexandrova), Fomine (Krokhmal), Stern (« Kostia », Rose Gabelstadt), Popov
(Rozanov), Iégorov (Lévine). Tout ce monde était
candidat à deux sièges sur les trois que comportait le C.C. En outre, ils se connaissaient tous non
seulement par leur activité de militants, mais
aussi par leur vie personnelle. Il y avait là tout
un réseau de sympathies et d'antipathies personnelles. L'atmosphère se chargeait de plus en plus
à mesure que les élections se rapprochaient. Bien
qu'elle se fût heurtée au début à une résistance
unanime, l'accusation d'autoritarisme lancée par
le *Bund* et le *Rabotchéié Diélo* s'insinuait lente-
ment, influençant le centre, les hésitants, peut-
être sans qu'ils s'en rendissent compte eux-mê-

mes. On craignait l'autorité, mais laquelle? Assurément, pas celle de Martov, de Zassoulitch, de Starovier, ou d'Axelrod. On redoutait donc l'autorité de Lénine et de Plékhanov. Mais on savait que la question de l'effectif, du travail en Russie, serait déterminée par Lénine et non par Plékhanov, qui se tenait éloigné de l'action pratique.

Le congrès avait approuvé la tendance de l'*Iskra*, mais il restait encore à en approuver la rédaction.

Vladimir Ilitch proposa de constituer une rédaction de trois personnes. Il avait déjà parlé de ce projet à Martov et à Potressov. Martov avait défendu devant les délégués l'idée d'un collège de trois personnes comme répondant le mieux aux besoins de la cause. Il comprenait bien alors que ce collège était dirigé principalement contre Plékhanov. Lorsque Vladimir Ilitch remit à ce dernier une note exposant le projet d'une rédaction de trois personnes, Plékhanov ne proféra pas une parole et, l'ayant lue, mit sans mot dire la note dans sa poche. Il avait compris ce dont il s'agissait, et il l'acceptait néanmoins dans l'intérêt de la cause.

De tous les membres de la rédaction, Martov était celui qui fréquentait le plus les membres du C.C. On n'eut pas de peine à le persuader que le « triumvirat » le visait et que, s'il venait à en faire partie, il trahirait Zassoulitch, Potressov, Axelrod. Zassoulitch et ce dernier se trouvaient dans un état d'extrême surexcitation.

Au milieu d'une telle atmosphère, les discus-

sions sur l'article 1 du statut revêtirent une
acuité particulière. En l'occurrence, Lénine et
Martov étaient en désaccord, tant sous le rapport politique que sous celui de l'organisation.
Ce n'était pas la première fois que cela leur arrivait, mais auparavant ces divergences se produisaient dans un cercle étroit et s'apaisaient promptement, mais, cette fois, elles apparaissaient au
congrès, et tous ceux qui avaient une dent contre
l'*Iskra*, contre Plékhanov et Lénine, s'efforcèrent
de grossir l'incident et de lui attribuer le caractère d'une question de principe de première gran-
deur. On attaqua Lénine pour son article « Par
quel bout commencer? », pour la brochure *Que
faire?*, on le représenta comme un ambitieux, etc.
Vladimir Ilitch intervint au congrès avec âpreté.
Dans sa brochure *Un pas en avant, deux pas en
arrière*, il écrivait:

Je ne puis pas ne pas me rappeler à ce sujet l'entretien que j'eus au congrès avec un des délégués
du « centre ». « Quelle lourde atmosphère pèse sur
ce congrès! » se lamentait-il. Cette lutte acharnée, ces
attaques réciproques, cette polémique envenimée,
cette inimitié entre camarades !

— Quelle belle chose que notre congrès, lui répondis-je. On y a lutté ouvertement et librement.
Chacun a émis son opinion. Les nuances se sont
dessinées. Les groupes se sont ébauchés. Les mains
se sont levées. La résolution est prise. L'étape est
franchie. En avant ! Voilà ce que je comprends !
Cela, c'est la vie ! Ce n'est pas comme ces ergoteries
d'intellectuels, interminables et assommantes, qui ne
prennent fin que parce que les gens sont fatigués de
parler.

Le camarade du « centre » me dévisagea avec des yeux ahuris et haussa les épaules. Nous ne parlions pas la même langue.

Vladimir Ilitch est tout entier dans cet extrait.

Dès le début du congrès, ses nerfs avaient été tendus à l'extrême. L'ouvrière belge chez qui nous logions à Bruxelles était désolée de voir que Vladimir Ilitch ne touchait pas aux excellents radis roses et au fromage de Hollande qu'elle lui servait tous les matins; il avait alors bien autre chose en tête. A Londres, sa nervosité atteignit son paroxysme; il ne fermait plus l'œil de la nuit et s'agitait d'une manière effrayante.

Personne ne s'attendait à la scission. Un entretien que j'eus alors avec Trotsky m'est resté présent à l'esprit. Si emporté que fût Vladimir Ilitch pendant les débats, il faisait preuve de la plus grande impartialité dès qu'il était appelé à présider et ne se permettait pas la moindre injustice à l'égard de son adversaire. Il en était tout autrement de Plékhanov. Quand il présidait, il aimait à déployer une verve étincelante et taquinait son adversaire. Après une de ses plaisanteries habituelles — il venait de dire, je crois, que les chevaux ne parlent pas, mais que les ânes, malheureusement, le font volontiers — Trotsky me dit: « Tâchez donc de décider Vladimir Ilitch à prendre la présidence, car Plékhanov est en train de nous conduire à la scission ».

Cependant, ce n'était pas du président qu'il s'agissait.

Quoique l'immense majorité des délégués ne fussent pas en désaccord au sujet de la place que devait occuper le *Bund* dans le Parti, au sujet du programme, de la reconnaissance de l'*Iskra* comme porte-parole, on eut, vers le milieu du congrès, la sensation très nette d'une fissure qui se creusa de plus en plus vers la fin. A vrai dire, il ne se produisit pas, au 2ᵉ congrès, de ces divergences sérieuses qui entravent le travail en commun et le rendent impossible; ces divergences étaient encore à l'état latent. Cependant, le congrès se partagea manifestement en deux camps. Un grand nombre estimaient que tout le mal avait été causé par le manque de tact de Plékhanov, la « rage » et l'ambition de Lénine, les pointes de Pavlovitch, l'injustice commise à l'égard de Zassoulitch et d'Axelrod — et ils allaient se ranger du côté des offensés, ne distinguant pas le fond de l'affaire à travers les personnalités. Trotsky fut de ceux-là. Or les camarades qui s'étaient groupés autour de Lénine envisageaient les principes avec bien plus de sérieux; ils voulaient à tout prix les mettre en pratique, les faire pénétrer dans toute l'activité révolutionnaire ; l'autre groupe manifestait les tendances moins élevées, penchait pour les compromis, les transactions; il accordait plus d'attention aux personnalités.

Au moment des élections, la lutte s'envenima. Quelques petites scènes préélectorales sont demeurées gravées dans ma mémoire.

Axelrod tance Baumann (Sorokine) pour son

prétendu manque de flair moral, il rappelle une vieille histoire de déportation, un commérage. Baumann ne répond rien, mais ses yeux se remplissent de larmes.

Autre scène. Deutch admoneste Gliébov (Noskov) avec colère, celui-ci relève la tête et riposte avec humeur, le regard étincelant: Vous feriez bien mieux de vous taire, vieux père!

Le congrès prit fin. Claire et Kurz furent élus au C.C.; sur les 44 voix délibératives, il y eut 20 abstentions. On élut à l'organe central Plékhanov, Lénine et Martov. Ce dernier refusa de faire partie de la rédaction. La scission était imminente.

Après le deuxième congrès

Après le congrès du Parti, nous retournâmes à Genèves. Là commença un temps pénible... Tout d'abord Genève était submergé d'émigrés des autres colonies étrangères; il y avait parmi eux des membres de la Ligue qui demandaient: Qu'est-il donc arrivé au congrès du Parti ? Quel était l'objet de la dispute ? Pourquoi la scission ?

Plékhanov était déjà excédé de ces questions. Il racontait un jour : « N.N. est arrivé. Il ne fait que poser des questions et répète toujours la même chose : Je me fais l'effet de l'âne de Buridan — Pourquoi précisément de Buridan ? lui demandai-je ».

De Russie arrivèrent également des camarades. Entre autres, Iéréma de Pétersbourg auquel Vla-

dimir Ilitch avait, un an auparavant, adressé sa
lettre à l'organisation de Pétersbourg. Iéréma
prit aussitôt parti pour les menchéviks. Il arriva
chez nous avec une mine tragique et s'adressa
à Vladimir Ilitch en ces termes : « Je suis Iéréma ». Puis il commença une charge à fond en
disant que c'étaient les menchéviks qui avaient
raison. Un membre du comité de Kiev en revenait toujours à cette question : quelles étaient
donc les modifications de la technique qui avaient
provoqué la scission au congrès ? — J'ouvrais
de grands yeux. Je n'avais pas encore rencontré
une conception aussi primitive des rapports entre la « base » et la « superstructure », je n'avais
pas cru possible qu'il pût exister quelque chose
de pareil.

Des gens qui jusqu'alors nous avaient sou-
tenus de leur argent, qui avaient mis leur logement à notre disposition pour des réunions ou
rendu d'autres services analogues, refusaient
maintenant leur aide sous l'influence de l'agitation des menchéviks. Un jour, une vieille connaissance à moi vint avec sa mère à Genève pour
rendre visite à sa sœur. Nous avions, étant enfants, joué ensemble à des jeux si beaux — aux
voyageurs, aux sauvages qui habitaient dans les
arbres — que je me réjouissais énormément
de son arrivée. Cependant, elle était devenue une
vieille fille d'abord tout à fait étrange. Nous en
vînmes à parler de sa famille, qui avait toujours
aidé les social-démocrates. « Nous ne pourrons
plus mettre notre logement à votre disposition,

déclara-t-elle. La scission entre les bolchéviks et
les menchéviks ne nous a pas plu du tout. Ces zi-
zanies personnelles nuisent beaucoup à la cause».
Ilitch et moi, nous souhaitions voir au diable ces
« sympathisants » qui n'adhéraient à aucune organisation et s'imaginaient pouvoir influencer
le cours des choses dans notre Parti au moyen
de leurs appartements et de leurs gros sous.

Vladimir mit aussitôt Claire et Kunz en Russie au courant de ce qui s'était passé. Les camarades russes poussèrent des soupirs, mais ne surent
pas donner des conseils. Ils proposèrent, par
exemple, tout à fait sérieusement que Martov
vînt en Russie, se cachât dans quelque coin re-
culé et écrivît des brochures populaires. On résolut de convoquer Kunz à l'étranger.

Lorsque Gliébov fit, après le congrès du Parti,
la proposition de coopter l'ancienne rédaction,
Vladimir Ilitch ne s'y opposa plus. Plutôt l'ancien fléau que la scission. Les menchéviks refu-
sèrent leur collaboration. Vladimir Ilitch essaya
de se réconcilier avec Martov, il écrivit à Potressov et chercha à le persuader qu'il n'y avait aucune raison pour rompre. Il écrivit aussi à Kalmykova (la Tante) au sujet de la scission et lui
exposa comment tout était arrivé. Il ne voulait
toujours pas croire qu'il n'y avait plus d'issue
possible. Vouloir saboter les résolutions du Parti
et mettre en jeu le travail en Russie, la force de
propulsion du Parti russe qu'on venait de créer
lui apparaissait comme insensé et il le croyait
à peine possible. A certains moments, il se ren-

dait nettement compte que la rupture était inévitable. Un jour, il commença à exposer dans une lettre à Claire que celui-ci ne pouvait se faire une image exacte de la situation telle qu'elle était; il fallait comprendre que les anciennes relations s'étaient modifiées de fond en comble, l'ancienne amitié avec Martov n'existait plus, il fallait l'oublier, maintenant c'était la lutte qui commençait. Vladimir Ilitch n'acheva pas cette lettre et il ne l'envoya pas. Cela lui coûtait beaucoup de rompre avec Martov. Leur travail commun à Pétersbourg, leur collaboration à l'ancienne *Iskra* les avaient liés étroitement. Martov était un homme d'une sensibilité extrême et qui, grâce à sa finesse de sentiments, savait comprendre les idées de Lénine et les développer avec un grand talent. Plus tard, Vladimir Ilitch combattit avec acharnement les menchéviks, mais chaque fois que Martov redressait tant soit peu sa ligne, il renouait avec lui les relations. Il en fut ainsi en 1910, lorsque Martov et Vladimir Ilitch travaillèrent ensemble à Paris à la rédaction du *Social-démocrate*. Avec quelle joie Ilitch, revenant de la rédaction, racontait parfois que Martov défendait la ligne juste et prenait même position contre Dan! Et comme il fut heureux de l'attitude de Martov dans les journées de Juillet (beaucoup plus tard, déjà en Russie), moins à cause de l'utilité particulière que cela présentait pour les bolchéviks que parce que Martov avait pris l'attitude qui sied à un révolutionnaire!

La plupart des délégués bolchéviks au congrès du Parti retournèrent au travail en Russie.
Les menchéviks ne repartirent pas tous, et Dan
vint même à la rescousse. A l'étranger grossit
le nombre de leurs partisans

Les bolchéviks restés à Genève tenaient des
séances régulières. Dans ces réunions c'est Plékhanov qui était le plus intransigeant. Il faisait
des mots d'esprit et stimulait les autres.

Finalement, le membre du Comité central,
Kunz, alias Vassiliev (Lenguik), arriva à Genève.
Il se sentait profondément déprimé par les intri-
gues qui s'ourdissaient à Genève. Il eut tout de
suite beaucoup à faire pour régler les conflits,
diriger les gens vers la Russie.

Les menchéviks avaient du succès auprès des
émigrés. Aussi décidèrent-ils de livrer bataille
aux bolchéviks. On devrait convoquer un congrès de la *Ligue des social-démocrates russes à
l'étranger*, dirent-ils, afin d'entendre le compte
rendu de Lénine, leur délégué au deuxième congrès du Parti. Au bureau de la Ligue il y avait
alors Deutch, Litvinov et moi. Ce fut Deutch
qui demanda la convocation du congrès de la
Ligue; Litvinov et moi, nous étions contre. Nous
comprenions clairement que le congrès, dans les
circonstances actuelles, se terminerait par un
grand scandale. Alors Deutch se rappela que
Vlatcheslav qui habitait Berlin et Litaisen qui
faisait un séjour à Paris appartenaient aussi au
bureau. Tous deux n'avaient en fait pris aucune
part au travail de direction de la Ligue durant

les derniers temps, mais ils ne s'étaient pas retirés officiellement du bureau. On fit appel à leurs
voix et ils votèrent pour le congrès.

Peu de temps avant le congrès de la Ligue,
Vladimir Ilitch fut victime d'un accident. Plongé dans ses pensées, il se heurta, à bicyclette, à
un tramway et faillit se crever un œil. C'est avec
un bandeau et tout pâle qu'il alla au congrès
de la Ligue. Les menchéviks l'attaquèrent avec
une haine sauvage. Je me rappelle encore la
scène insensée: Dan, Krokhmal et encore d'autres se levant brusquement avec des visages convulsés de fureur et tapant comme des fous avec
leurs couvercles de pupitres.

Au congrès de la Ligue, les menchéviks étaient
numériquement supérieurs aux bolchéviks ; en
outre, il y avait parmi eux plus de « généraux ».
Ils firent adopter les statuts qui leur donnaient
des points d'appui, leur assuraient leur propre
maison d'édition et les rendaient indépendants
du Comité central. Kurz (Vassiliev), au nom du
C.C., insista pour une modification des statuts,
et comme la Ligue ne se soumit point, il la déclara dissoute.

Les nerfs de Plékhanov ne supportèrent
point le scandale soulevé par les menchéviks. Il
déclara : « Je ne peux pourtant pas tirer sur mes
propres camarades ».

A la réunion des bolchéviks, Plékhanov demanda qu'on cédât. « Il y a des moments, dit-il,
où la raison elle-même est contrainte de céder ».
« C'est alors qu'on dit qu'elle chancelle », expli-

qua Lisa Knouniantz, ce qui lui valut un coup d'œil méchant de Plékhanov.

Pour sauver la paix dans le Parti — c'est ainsi qu'il s'exprima — Plékhanov proposa de coopter l'ancienne rédaction de l'*Iskra*. Vladimir Ilitch se retira de la rédaction en déclarant qu'il ne refusait pas sa collaboration et qu'il ne demandait même pas qu'on fît connaître qu'il quittait la rédaction. C'était à Plékhanov d'essayer de ramener la paix, et il ne mettrait pas obstacle à la paix dans le Parti. Peu de temps avant, Vladimir Ilitch avait écrit dans une lettre à Kalmykova : « On ne peut aboutir à une impasse pire qu'en s'éloignant du travail ». En quittant la rédaction, il s'engageait dans cette voie, il en avait clairement conscience. L'opposition demanda encore la cooptation de ses représentants dans le C.C., deux places à la direction et la reconnaissance de la légalité des décisions du congrès de la Ligue. Le C.C. fut d'accord pour coopter deux représentants de l'opposition dans le C.C., pour lui accorder une place dans le bureau et réorganiser peu à peu la Ligue. La paix ne revint pas. En cédant, Plékhanov avait versé de l'eau au moulin de l'opposition. Plékhanov demanda encore qu'en enlevât du bureau un deuxième membre du C.C., Rou (Koniaga — son véritable nom était Galpérine) pour faire une place aux menchéviks. Indécis, Vladimir Ilitch se demanda longtemps s'il devait souscrire à cette nouvelle concession. Je nous vois encore tous trois — Vladimir Ilitch, Koniaga et moi — un soir au bord du lac de Genève ; le vent soufflait en tempête sur le lac, Koniaga insistait auprès de Vladimir Ilitch pour qu'il consentît à son retrait. Vladimir Ilitch finit par se décider à aller chez Plékhanov lui dire que Ru se retirait du bureau.

Martov publia la brochure : *l'Etat de Siège.* Elle était bourrée des accusations les plus incroyables. Trotsky fit paraître également une brochure : *Compte rendu de la délégation sibérienne* où il expliquait les événements tout à fait dans le sens de Martov. Plékhanov y était représenté comme une figure d'échiquier dans la main de Lénine, etc.

Vladimir Ilitch se mit à écrire, en réponse à Martov, une brochure : *Un pas en avant, deux pas en arrière.* Il y faisait une analyse détaillée de ce qui s'était passé au congrès du Parti.

Cependant, la lutte s'était déclenchée également en Russie. Les délégués des bolchéviks firent le compte rendu du congrès. Le programme que le congrès avait adopté et la plupart des résolutions du congrès furent accueillis dans les groupes locaux avec une grande satisfaction. On comprenait d'autant moins l'attitude des menchéviks. On demanda dans des résolutions que chacun se soumît aux décisions du congrès. Parmi nos délégués « Petit Oncle » se prononça à cette époque de façon tout à fait énergique. En sa qualité de vieille révolutionnaire elle ne pouvait tout simplement pas comprendre qu'on pût se comporter vis-à-vis du Parti avec un tel manque de discipline. Elle et d'autres camarades de Russie écrivirent des lettres réconfortantes. Les uns après les autres, les comités se placèrent sur le terrain de la majorité du Parti.

Peu de temps après arriva Claire. Il ne se faisait aucune idée de l'abîme qui s'était creusé dans l'intervalle entre les bolchéviks et les menchéviks. Il croyait qu'on pouvait encore réconcilier bolchéviks et menchéviks, et il alla chez Plékhanov pour s'expliquer avec lui. Mais il comprit qu'un arrangement était impossible et il repartit déprimé. Vladimir Ilitch devint encore plus sombre.

Au début de 1904, Tsilia Zélikson, un représentant de l'organisation de Pétersbourg, Baron (Essen) et l'ouvrier Makar vinrent à Genève. Tous trois étaient partisans des bolchéviks. Vladimir Ilitch se rencontrait fréquemment avec eux. Ils ne parlaient pas seulement des discussions avec les menchéviks, mais aussi du travail en Russie. Baron, alors encore un tout jeune homme, était emballé sur le travail en Russie.

« Nous édifions maintenant l'organisation sur des bases collectives — disait-il. Nous avons formé quelques collectifs : un collectif des propagandistes, un des agitateurs, un des organisateurs. »

Vladimir Ilitch écoutait.

« De combien de personnes se compose le collectif des propagandistes », demanda-t-il.

« Pour l'instant de moi seul », répondit Baron, un peu gêné.

« C'est bien peu — fit remarquer Ilitch. Et le collectif des agitateurs ? »

Baron rougit jusqu'aux oreilles et répondit : « Pour l'instant il n'y a également que moi seul ».

Ilitch éclata de rire. Baron se mit également à rire. Ilitch savait toujours, par quelques questions placées à l'endroit le plus vulnérable, dégager la vérité réelle du fatras de beaux plans de travail et de rapports impressionnants.

Plus tard, arrivèrent Olminski (Mikhaïl Stépanovitch Alexandrov), qui s'affilia aux bolchéviks, et Sverka.

Sverka s'était enfuie de l'exil vers la liberté. Elle était pleine d'énergie joyeuse et en imprégnait tout ce qui l'entourait. Il n'y avait pas en elle la moindre trace de doute, d'indécision. Elle se moquait de tous ceux à qui la scission faisait hocher la tête. Les discussions à l'étranger ne semblaient pas la toucher. A ce moment, nous eûmes l'idée d'organiser chez nous à Séchéron, une fois par semaine, des « jours fixes » pour rapprocher les bolchéviks les uns des autres. A ces jours fixes, il n'y avait pas de discussions « véritables », mais cela contribuait à chasser la dépression provoquée par toutes les discussions avec les menchéviks. Quelle joie lorsque Sverka se mettait à chanter, avec quel entrain, un *Vanka* et que Iégor, un grand ouvrier à la tête chauve, chantait avec elle. Un jour, Iégor alla chez Plékhanov pour lui dire ce qu'il avait sur le cœur ; pour cela il mit même un faux-col. Mais il revint de chez Plékhanov déçu et déprimé. « Ne sois pas triste — dit Sverka pour le consoler — chante un *Vanka* avec moi, nous y arriverons bien. » Ilitch retrouvait à vue d'œil sa bonne humeur. L'entrain et la fraîcheur d'esprit de Sverka chassaient sa tristesse.

Bogdanov parut un beau jour. Vladimir Ilitch savait encore peu de choses de ses travaux philosophiques, et comme homme il ne le connaissait pas du tout. A l'entendre, on voyait qu'il était un collaborateur du « format » des membres du C.C. Son passage du côté des bolchéviks fut décisif. Il n'était venu que pour peu de temps à l'étranger. En Russie il avait de larges liaisons. C'en était fini de la période de la dispute sans issue.

Ce qui coûtait le plus à Vladimir Ilitch, c'était de rompre définitivement avec Plékhanov. Au printemps, Vladimir Ilitch fit la connaissance d'un vieux révolutionnaire, Nathanson, membre du *Narodnoïé Pravo*, et de la femme de celui-ci. Nathanson était un excellent organisateur de l'ancien type. Il connaissait énormément de gens, appréciait chacun excellemment et savait de suite à quoi il était bon et quelle tâche on pouvait lui confier. Ce qui surprenait particulièrement Vladimir Ilitch, c'était qu'il connaissait tout à fait bien non seulement la composition de sa propre organisation, mais aussi celle de nos organisations social-démocrates, mieux que beaucoup de nos membres du C.C. à cette époque. Il habitait Bakou et connaissait Krassine, Postalovski et

d'autres camarades. Vladimir Ilitch pensa qu'il
était possible de gagner Nathanson à la social-
démocratie. J'entendis plus tard raconter par
quelqu'un que ce vieux révolutionnaire avait
pleuré lorsqu'il vit à Bakou, pour la première fois
de sa vie, une manifestation grandiose. Nathanson était très près du point de vue social-démocrate. Sur un point, Vladimir Ilitch ne pouvait
s'entendre avec lui. Nathanson n'était pas d'accord en effet avec la position qu'avait alors la
social-démocratie vis-à-vis de la paysannerie.
L'emballement de Vladimir Ilitch pour Nathanson dura environ quinze jours. Nathanson connaissait bien Plékhanov, il le tutoyait, Vladimir
Ilitch causa un jour avec Nathanson de nos affaires du Parti, de la scission, Nathanson s'offrit
de parler avec Plékhanov. Il revint de chez Plékhanov comme atterré. Il faut céder, tel fut son
avis.

Le « roman » avec Nathanson fut terminé. Vladimir Ilitch fut furieux contre lui-même d'avoir
parlé avec un membre d'un autre parti des affaires de la social-démocratie et d'avoir utilisé Nathanson comme une sorte de médiateur. Il était
furieux contre lui-même et contre Nathanson.

Cependant, le C.C. pratiquait en Russie une politique conciliatrice équivoque, mais les comités
étaient avec les bolchéviks. Il n'y avait plus rien
d'autre à faire qu'à s'appuyer sur la Russie et à
convoquer un nouveau congrès du Parti.

En réponse à la déclaration de juillet du C.C.
qui permit à Vladimir Ilitch de défendre son

point de vue et de rester en liaison avec la Russie, Vladimir Ilitch se retira du C.C. Le groupe des bolchéviks, au nombre de 22, adopta une résolution déclarant qu'il était nécessaire de convoquer un troisième congrès du Parti.

Vladimir Ilitch et moi nous prîmes nos sacs tyroliens et nous partîmes pour un mois dans la montagne. Sverka s'était jointe à nous et excursionna au début avec nous. Mais elle resta bientôt en arrière. « Vous cherchez toujours une région où l'on ne rencontre pas un chat. Mais moi, je ne peux vivre là où il n'y a pas de gens », disait-elle. Nous choisissions toujours, en effet, les sentiers les plus écartés, en plein taillis, les plus éloignés possibles des hommes. C'est de cette façon que nous vagabondâmes tout un mois. Nous ne savions jamais ce que nous ferions le lendemain. Le soir nous tombions morts de fatigue dans notre lit, et nous nous endormions aussitôt.

Nous avions peu d'argent et nous nous nourrissions le plus souvent de fromage et d'œufs. Nous buvions là-dessus du vin ou de l'eau de source. A midi nous déjeunions rarement. Nous rencontrâmes une fois dans une auberge socialiste un ouvrier qui nous donna ce conseil : « Ne mangez jamais avec les touristes, mais avec les charretiers, les chauffeurs et les journaliers ; c'est deux fois moins cher et bien plus nourrissant ». Nous le fîmes en effet. Le petit fonctionnaire, le petit boutiquier et les gens de même sorte qui voudraient bien singer la bourgeoisie, renonceraient plutôt à une excursion que de s'asseoir à la même table que les domestiques. Cette gent de philistins fleurit dans toute l'Europe. On vous a constamment le mot démocratie à la bouche, mais quand il s'agit de s'asseoir à la même table que la domesticité, non pas chez soi, mais dans un hôtel élégant, cela dépasse les forces du philistin qui veut devenir quelqu'un. Vladimir Ilitch était tout à fait content de déjeuner dans la pièce des domestiques, il y mangeait avec appétit et il louait le repas du midi bon marché et nourrissant. Puis, nous bouclions à nouveau nos sacs tyroliens et nous continuions nos excursions. Nos sacs tyroliens étaient pesants ; Vladimir Ilitch avait dans le sien un lourd dictionnaire français, et dans le mien il y avait un livre français aussi lourd que je venais de recevoir à traduire. Mais ni le dictionnaire ni le livre ne furent ouverts une seule fois pendant nos randonnées. Nous ne jetions pas les yeux dans le dictionnaire, nous aimions mieux contempler les montagnes couvertes de neige, les lacs bleus, les chutes d'eau impétueuses. .

Au bout d'un mois passé de cette manière, les nerfs de Vladimir Ilitch retrouvèrent leur équilibre. On aurait dit qu'il avait pris un bain dans l'eau d'une source de montagne et qu'il s'était débarrassé ainsi de toutes les toiles d'araignées des disputes puériles. Nous passâmes le mois d'août avec Bogdanov, Olminski et Pervouchine dans un village perdu non loin du lac de Brêt. Nous arrêtâmes avec Bogdanov le plan de travail.

Bogdanov avait l'intention de faire appel à Lounatcharski, Stépanov et Bazarov pour un travail littéraire. Nous envisageâmes la publication de notre propre organe à l'étranger et le développement de l'agitation pour le congrès du Parti en Russie.

Lorsque nous retournâmes à Genève à l'automne, nous quittâmes la banlieue pour nous rapprocher du centre. Vladimir Ilitch entra à la « Société de lecture » qui disposait d'une bibliothèque énorme et de conditions de travail excellentes. Il s'y trouvait une grande quantité de journaux et de revues en langues française, anglaise et allemande. On pouvait travailler sans être dérangé ; les membres de la société — la plupart de vieux professeurs — utilisaient très peu la bibliothèque. Ilitch avait là tout un local à sa disposition. Il pouvait y écrire, marcher en long et en large, réfléchir à ses articles, prendre sur les rayons le livre qui lui plaisait. Il pouvait être sûr qu'un camarade russe ne viendrait point lui raconter que les menchéviks avaient dit ceci ou cela, fait telle ou telle chose. Il pouvait y méditer sans que rien le détournât de ses pensées, et il y avait plus d'une chose sur laquelle il fallait méditer.

La Russie avait commencé la guerre japonaise, qui mettait en évidence avec une brutalité particulière tout le caractère vermoulu de la monarchie tsariste. Dans la guerre japonaise, les bolchéviks n'étaient pas les seuls à souhaiter une défaite de la Russie, les menchéviks et même les libéraux étaient également défaitistes. Une vague d'indignation secoua le peuple. Le mouvement ouvrier était entré dans une nouvelle phase. Les nouvelles de manifestations de masses organisées malgré les interdictions de la police, les rencontres directes des ouvriers avec la police étaient de plus en plus fréquentes.

Face au mouvement révolutionnaire de masse qui grandissait, les petites disputes fractionnelles ne pouvaient plus exciter les esprits comme elles le faisaient encore peu de temps auparavant ; néanmoins ces querelles prenaient parfois des formes tout à fait brutales. Un jour, le bolchévik Vassiliev arriva du Caucase et voulut faire un compte rendu de la situation en Russie. Bien qu'il ne s'agît point de la réunion d'un organisme du Parti, mais seulement d'un compte rendu public auquel n'importe quel membre du Parti pouvait assister, les menchéviks exigèrent l'élection d'un bureau. En essayant de faire de chaque compte rendu une espèce de bataille électorale, les menchéviks tentaient d'imposer silence aux bolchéviks « de manière démocratique ». On faillit en venir à un pugilat, à une bataille pour la caisse. Natalia Bogdanova (la femme de Bogdanov) eut même son manteau déchiré et quelqu'un se blessa en tombant. Mais tout cela excitait bien moins les esprits qu'auparavant.

Maintenant, tout le monde pensait à la Russie. On sentait quelle énorme responsabilité pesait

sur le mouvement ouvrier qui se développait à
Pétersbourg, à Moscou, à Odessa et dans d'autres
villes de Russie.

Tous les partis — les libéraux, les social-révo-
lutionnaires — commençaient à montrer leur
vrai visage de façon bien nette. Les menchéviks
se démasquaient également. Ce qui séparait les
menchéviks et les bolchéviks apparaissait maintenant tout à fait distinctement.

En Vladimir Ilitch vivait la foi profonde dans
l'instinct de classe du prolétariat, dans sa puissance créatrice, dans sa mission historique. Cette
foi n'avait pas surgi tout d'un coup chez Vladimir Ilitch, elle avait grandi en lui dans les années où il étudiait et s'assimilait la théorie
marxiste de la lutte de classe, lorsqu'il étudiait
la réalité russe, lorsque, dans la lutte avec la
conception du monde des anciens révolutionnaires, il apprenait à opposer à l'héroïsme des
combattants individuels la force et l'héroïsme de
la lutte de classe. Ce n'était pas une foi aveugle
en une puissance inconnue, c'était la conviction
profonde de la force du prolétariat, de son rôle
formidable pour la libération des travailleurs,
conviction qui reposait sur une connaissance profonde de la question, sur une étude conscien-
cieuse de la réalité. Son activité parmi les ouvriers de Pétersbourg avait donné à cette foi en
la puissance de la classe ouvrière des formes
vivantes.

A la fin de décembre, le journal bolchévik *Vpériod* commença à paraître. On appela à la rédac-

tion, en dehors d'Ilitch, Olminski et Orlovski.
Bientôt Lounatcharski vint les aider. Ses articles
et ses discours d'un ton pathétique rendaient très
bien l'état d'esprit des bolchéviks de ce temps.

Le mouvement révolutionnaire grandissait en
Russie et avec lui s'accroissait aussi notre correspondance avec la Russie. Elle s'éleva bientôt à
trois cents lettres par mois. Quel matériel pour
Ilitch ! Il savait lire les lettres des ouvriers. Je
me souviens encore d'une lettre d'ouvriers de la
carrière de pierres d'Odessa. Une lettre collective,
aux écritures primitives, sans sujet ni complé-
ment, sans points ni virgules, mais qui respirait
une énergie inépuisable, la volonté de lutter jusqu'au dernier, jusqu'à la victoire, une lettre dont
chaque mot naïf et convaincu inébranlable avait
une couleur magnifique. Je ne sais plus de quoi
parlait cette lettre, mais je la revois nettement
telle qu'elle était, le papier, l'encre jaunie. Vladimir Ilitch lut et relut cette lettre, puis il se
promena de long en large, plongé dans ses pensées. Ce n'était pas pour rien que les ouvriers de
la carrière de pierres d'Odessa s'étaient donné la
peine d'écrire leur lettre à Ilitch, ils écrivaient au
camarade à qui il leur fallait écrire parce que
c'était lui qui les comprenait le mieux.

Quelques jours après la missive des ouvriers de
la carrière de pierres d'Odessa, arriva une lettre
d'une jeune propagandiste, nommée Tanioucha
qui faisait un compte rendu consciencieux et dé-
taillé d'une réunion des artisans d'Odessa. Ilitch
lut également cette lettre et s'assit aussitôt pour

répondre à Tanioucha : « Je vous remercie de votre lettre, écrivez plus fréquemment. Pour nous, chaque nouvelle qui décrit la vie *journa-lière* est extrêmement importante. Pourquoi diable recevons-nous si peu de nouvelles de ce genre ? »

Dans presque chaque lettre, Ilitch demandait instamment aux camarades russes de lui procurer plus de liaisons. « La force d'une organisation révolutionnaire consiste dans le nombre de ses liaisons », écrivait-il dans une lettre à Goussev. Il priait Goussev de mettre le centre à l'étranger en liaison avec la jeunesse. Il écrivait : « Il existe chez nous une crainte de la jeunesse tout à fait idiote, philistine, à l'Oblomov [1] ». A Alexis Andriéévitch Préobrajenski, qu'il avait connu longtemps auparavant à Samara et qui habitait alors la campagne, il demandait dans une lettre de lui procurer des liaisons avec les paysans. Il insistait pour que les lettres d'ouvriers ne fussent pas communiquées seulement par extraits au centre à l'étranger par les camarades de Pétersbourg, mais qu'on les lui envoyât en entier. La révolution approchait et grandissait. C'est dans ces lettres d'ouvriers qu'Ilitch le voyait le plus nettement. On était au seuil de l'année 1905.

---

1. Héros du roman célèbre de Goutcharov : *Oblomov*.

1905

Dans l'émigration

Déjà en novembre 1904, dans la brochure *la Campagne des zemstvos et le plan de l' « Iskra »*, et ensuite en décembre, dans ses articles publiés dans les numéros 1-3 du *Vpériod*[1], Vladimir Ilitch écrivait que le temps de la lutte, véritable et ouverte, des masses pour la liberté était proche. Il sentait nettement l'approche de l'explosion révolutionnaire. Mais il y a une grande différence entre sentir une chose et apprendre soudain qu'elle commence à se réaliser.

Aussi, lorsque nous parvint à Genève la nouvelle des événements du 9 janvier, de la forme concrète revêtue par la révolution à son début, il nous sembla que tout avait changé autour de nous et que tout ce que nous avions vécu jusqu'à ce jour s'était enfui dans un passé lointain.

Ces événements du 9 janvier furent connus

---

1. En avant !

à Genève le lendemain matin. Nous nous rendions à la bibliothèque, Vladimir Ilitch et moi,
lorsque nous rencontrâmes les Lounatcharsky
qui venaient précisément chez nous. Je vois encore Anna Alexandrovna, la femme de Lounatcharsky, que l'émotion empêchait de parler et qui
agitait désespérément son manchon. Nous nous
rendîmes à la popote des émigrés tenue par les
Lépiochinsky, vers laquelle s'étaient instinctivement dirigés tous les bolchéviks qui avaient appris la nouvelle des événements de Pétersbourg.
On éprouvait le besoin d'être ensemble. Nous
étions tous tellement émus que nous ne pou-
vions échanger que de brèves paroles. On en-
tonna l'hymne funèbre : *Vous êtes tombés dans
la lutte fatale...* ; tous les visages étaient graves.
Tous nous nous rendions compte que la révolution venait de commencer, que la foi au tsar
avait disparu, que l'on ne tarderait pas à voir
« crouler le despotisme et se dresser le peuple,
grand, libre et puissant... »

Nous vécûmes la vie singulière de toute l'émigration genevoise de l'époque, commentant chaque numéro du journal local, la *Petite Tribune*
et attendant fiévreusement le suivant.

Toutes les pensées de Lénine étaient concen-
trées sur la Russie.

Peu de temps après, Gapone arriva à Genève.
Il fut d'abord happé par les socialistes-révolutionnaires (s.-r.) [1], qui s'efforcèrent de le présen-

---

1. Les socialistes-révolutionaires, communément ap-
pelés s.-r., furent à l'origine un parti révolutionnaire

ter comme « leur » homme et tout le mouvement ouvrier de Pétersbourg comme leur œuvre personnelle. Ils faisaient une réclame tapageuse autour de son nom et le portaient aux nues. A cette époque, Gapone concentrait l'attention générale et le *Times* lui payait des sommes folles pour chacune de ses lignes.

Quelque temps après l'arrivée de Gapone à Genève, une dame du parti des s.-r. vint nous trouver dans l'après-midi et fit savoir à Vladimir Ilitch que Gapone voulait le voir. On prit rendez-vous sur un terrain neutre, dans un café. Le soir arriva. Vladimir Ilitch n'avait pas allumé sa lampe et arpentait sa chambre d'un coin à l'autre.

Gapone était en quelque sorte un morceau de la révolution russe grandissante, un homme étroitement lié aux masses ouvrières qui s'étaient confiées à lui sans retour, et Vladimir Ilitch était tout ému à la pensée de se trouver en face de lui.

Un camarade s'est indigné récemment : comment Vladimir Ilitch a-t-il pu avoir affaire à Gapone !

Assurément, il eût été plus simple d'ignorer

----

paysan, en même temps que le parti des organisations de combat, c'est-à-dire des terroristes. Après la révolution de février-mars 1917, ils perdirent beaucoup de leur crédit sur les masses paysannes du fait qu'ils réclamaient la suppression de la propriété privée de la terre avec indemnisation des propriétaires. Après la révolution prolétarienne d'Octobre, ils passèrent presque tous au camp de la contre-révolution.

Gapone en se disant qu'il n'y a rien de bon
à attendre d'un pope. Ce fut le raisonnement de
Plékhanov, qui reçut Gapone avec une extrême
froideur. Mais ce qui faisait précisément la force
de Vladimir Ilitch, c'est qu'il considérait la révolution comme quelque chose de vivant, qu'il savait la regarder en face, en observer les formes
multiples, c'est qu'il savait, comprenait ce que
voulaient les masses. Or la connaissance des masses ne s'acquiert qu'à la condition de se trouver
en contact avec elles. Comment Vladimir Ilitch
aurait-il pu ignorer Gapone, si proche des masses, sur lesquelles il avait une telle influence !

De retour de son entrevue avec Gapone, Vladimir Ilitch me fit part de ses impressions. Gapone était encore tout embrasé du souffle de la
révolution. En parlant des ouvriers pétersbourgeois, il s'enflammait, il bouillait d'indignation
contre le tsar et ses suppôts. Cette indignation
comportait une grande dose de naïveté, ce qui la
rendait encore plus spontanée ; elle répondait à
celle des masses ouvrières. « Mais il a besoin
de s'instruire, me confia Vladimir Ilitch. Mon
cher, lui ai-je dit, n'écoutez pas les flatteurs, ins-
truisez-vous, sinon, voilà où vous vous trouverez — et je lui ai montré la place sous la table. »

Le 8 février, Vladimir Ilitch écrivait dans le
n° 7 du *Vpériod* : « Souhaitons à Georges Gapone, qui a si profondément vécu et senti l'évo-
lution des conceptions d'un peuple politique-
ment inconscient vers les conceptions révolutionnaires, d'arriver à la clarté de vue révolution-

naire indispensable à tout homme politique. »

Gapone ne s'éleva jamais à cette clarté. Fils d'un riche paysan ukrainien, il demeura lié jusqu'à la fin à sa famille et à son village. Il connaissait bien les besoins des paysans, son langage était simple et accessible à la grande masse ouvrière ; c'est à cette origine, à ses attaches avec le village que l'on doit attribuer sans doute une partie de son succès ; mais il eût été difficile de trouver un homme aussi imbu que lui de la mentalité du pope. Il n'avait jamais pénétré auparavant dans le milieu révolutionnaire ; sa nature était bien moins celle d'un révolutionnaire que d'un pope retors prêt à n'importe quelle transaction.

Voici ce qu'il nous conta un jour : « A un moment donné, je me pris à douter et ma foi s'ébranla. Je me tourmentai au point d'en tomber malade et je partis pour la Crimée. Il s'y trouvait à cette époque un vieux religieux qui menait, disait-on, une sainte vie. J'allai le trouver pour consolider ma foi. En arrivant, je le trouvai entouré d'une grande foule, célébrant la messe sur le bord d'un ruisseau. Dans ce ruisseau, il y avait un creux, qui était, soi-disant, l'empreinte du sabot du cheval de Saint-Georges. Une sottise, bien entendu. Bah ! me disais-je, il ne s'agit pas de cela, mais de la foi profonde du vieillard. Après la messe, je m'approche de lui pour lui demander sa bénédiction. Et voilà qu'il retire sa chape en disant : « Nous avons installé ici une boutique de cierges. Vous ne pourriez vous imaginer ce que nous en avons vendus ! » C'était cela, sa foi ! Je m'en retournai chez moi à demi-mort. J'avais alors un ami, le peintre Vérestchaguine, qui me conseilla de laisser de côté la prêtrise. Mais je me dis en moi-même : Mes parents sont respectés au village, mon père est à la tête de la commune, il est honoré de tous, tandis qu'on lui jettera la pierre si son fils est un défroqué ! Je résolus donc de ne pas quitter l'état ecclésiastique. »

Tout Gapone est dans ce récit.

Il ne savait pas s'instruire. Le tir à la cible et l'équitation lui prenaient pas mal de temps, mais il n'aimait guère les livres. Il est vrai que, sur le conseil d'Ilitch, il entreprit la lecture des œuvres de Plékhanov, mais il le fit comme s'il y était forcé. Gapone ne savait pas s'instruire à l'aide des livres. Mais la vie ne l'instruisait pas davantage. Sa psychologie de pope l'empêchait de voir clair. Rentré en Russie, il roula à l'abîme.

Dès les premiers jours de la révolution, Vladimir Ilitch se rendit compte de ses perspectives. Il comprit que le mouvement allait grossir en avalanche, que le peuple révolutionnaire ne s'arrêterait pas à mi-chemin, qu'il n'était plus possible de l'arrêter, que les ouvriers se jetaient dans la lutte contre l'autocratie. En sortiraient-ils vainqueurs ou vaincus, on ne le saurait qu'à la fin de la mêlée. Mais pour vaincre, il fallait être armé le mieux possible.

Vladimir Ilitch se distinguait par une intuition

particulière, une compréhension profonde de ce que sentait la classe ouvrière.

S'orientant sur la bourgeoisie libérale qui n'était pas encore en branle, les menchéviks déclaraient qu'il fallait « déchaîner » la révolution. Ilitch savait que les ouvriers étaient bien résolus à lutter jusqu'au bout. Et il était avec eux. Il savait qu'il était impossible de s'arrêter à mi-chemin, car il en fût résulté une telle démoralisation, une telle dépression dans la classe ouvrière, un tel préjudice pour la cause qu'il ne fallait y songer à aucun prix. Et l'histoire a montré que, si la classe ouvrière a subi une défaite pendant la révolution de 1905, elle n'a pas été brisée et a conservé intacte sa volonté de lutte. Cela, ils ne le comprenaient pas, tous ceux qui reprochaient à Lénine son « manque de souplesse », ou qui, après la défaite, ne savaient que dire : « Il ne fallait pas prendre les armes[1] ». Pour demeurer fidèle à sa classe, il fallait prendre les armes, l'avant-garde n'avait pas le droit de faire défection pendant la lutte.

Et Ilitch ne cessait d'appeler le Parti, avantgarde de la classe ouvrière, à la lutte, à l'organisation, à l'armement des masses. Il en parlait dans le *Vpériod*, dans ses lettres en Russie.

« Le neuf janvier 1905 a montré la gigantesque réserve d'énergie révolutionnaire accumulée par le prolétariat et toute l'insuffisance de l'organi-

---

1. Paroles de Plékhanov après l'échec de l'insurrection de décembre 1905 à Moscou.

sation des social-démocrates », écrivait-il au début de février dans son article : « Devons-nous organiser la révolution ? » dont chaque ligne réclame le passage des paroles à l'action.

Ilitch n'avait pas seulement lu et très minutieusement étudié, médité tout ce que Marx et Engels avaient écrit sur la révolution et l'insurrection, il avait lu également un grand nombre de livres sur l'art militaire, étudiant sous toutes leurs faces la technique et l'organisation de l'insurrection armée. Cela l'occupait bien plus qu'on ne se l'imagine généralement, et ses vues sur les équipes de choc pendant la guerre de partisans, « sur les groupes de cinq et de dix » n'étaient nullement un verbiage de profane, mais le fruit de longues réflexions.

Tous les matins, de bonne heure, l'employé de la *Société de lecture* voyait arriver un révolutionnaire russe, dont le modeste pantalon était relevé à la manière suisse pour le protéger contre la boue. Il prenait un livre, laissé de la veille, traitant des combats de barricades, de la technique de l'offensive, s'asseyait à sa place accoutumée devant une petite table près de la fenêtre, lissait d'un geste familier les rares cheveux qui restaient encore sur son crâne dénudé et se plongeait dans la lecture. Il se levait parfois pour prendre sur un rayon un gros dictionnaire et y chercher l'explication d'un terme inconnu, puis il se mettait à marcher de long en large, se rasseyait et, l'air absorbé, couvrait rapidement d'une fine écriture des feuillets de papier.

Les bolchéviks s'ingéniaient par tous les moyens à faire entrer des armes en Russie, mais ce qu'ils faisaient n'était qu'une goutte d'eau dans la mer. Un Comité de combat se forma en Russie (à Pétersbourg), mais il fonctionnait avec une grande lenteur. Ilitch écrivait à Pétersbourg :

Les schémas, les discussions et discours sur les fractions et les droits du Comité de combat sont absolument superflus dans cette affaire. Je suis épouvanté, je vous le jure, de voir qu'on parle des bombes depuis plus de six mois et qu'on n'en a pas encore fabriqué une seule. Et ce sont des gens très savants qui parlent de la sorte. Allez chez les jeunes, messieurs. Voilà l'unique et universel moyen de salut. Sinon, je vous le jure, vous arriverez trop tard (tout me le fait prévoir) et vous vous trouverez abondamment pourvus de notes, plans, croquis, schémas « savants », de recettes merveilleuses, mais sans la moindre organisation, sans une œuvre vivante... Ne demandez pas de formalités, faites fi de tous les schémas, pour l'amour de Dieu, envoyez donc à tous les diables les « fonctions, droits et privilèges »...

Et les bolchéviks faisaient tout ce qu'ils pouvaient pour préparer l'insurrection armée, faisant preuve parfois d'un héroïsme extraordinaire, risquant leur vie à chaque instant. La préparation de l'insurrection armée, tel était leur mot d'ordre. Gapone en parlait également.

Peu de temps après son arrivée, il présenta le projet d'un accord des partis révolutionnaires en vue de la lutte. Dans le n° 7 du *Vpériod* (8 fé-

vuier 1905), Vladimir Ilitch donna son appréciation sur la proposition de Gapone et éclaira la
question des accords spéciaux en vue de la lutte.
   Gapone se chargea d'approvisionner en armes
les ouvriers pétersbourgeois. Des dons de toute
sorte étaient mis à sa disposition. Il acheta des
armes en Angleterre. Enfin, l'affaire fut conclue.
On trouva un navire, le *Grafton*, dont le capitaine
consentit à transporter les armes et à les débar-
quer dans l'une des îles proches de la frontière
russe. N'ayant pas la moindre idée du transport
clandestin, Gapone se figurait la chose bien plus
simple qu'elle ne l'était en réalité. Afin d'organiser l'affaire, il nous demanda un passeport
illégal et des adresses de camarades et se rendit à Pétersbourg. Il semblait à Vladimir Ilitch
qu'on passait enfin des paroles aux actes. Les ouvriers avaient besoin d'armes à tout prix. Cependant l'entreprise n'aboutit pas. Le *Grafton* échoua
sur un banc de sable. Il lui eût d'ailleurs été
impossible d'aborder à l'île indiquée.

   A Pétersbourg, Gapone ne fut pas plus heureux. Il dut se réfugier dans de misérables loge-
ments ouvriers et vivre sous un faux nom ; il
éprouva les pires difficultés pour ses relations,
les adresses des s.-r. avec lesquels il devait aller
s'entendre pour la réception de la cargaison
s'étant trouvées fausses. Seuls les bolchéviks envoyèrent quelques-uns des leurs à l'île.

   Tout cela plongea Gapone dans la consterna-
tion. Vivre clandestinement, dans les privations,
sans pouvoir communiquer avec personne, et

s'exhiber sans le moindre risque dans les assemblées sont deux choses bien différentes. Seuls des
hommes doués d'une trempe révolutionnaire tout
autre que celle de Gapone, des hommes prêts à se
sacrifier obscurément, étaient capables d'organiser un transport d'armes clandestin...

Ilitch lança un autre mot d'ordre : le soutien
de la lutte des paysans pour la terre. En soute-
nant la paysannerie, la classe ouvrière pourrait
s'appuyer sur elle dans sa propre lutte. Vladimir
Ilitch avait toujours accordé une grande attention à la question paysanne. A son point de vue,
seul le prolétariat constituait la classe révolutionnaire jusqu'au bout. En son temps, lors de la
discussion du programme du Parti au 2ᵉ congrès,
Vladimir Ilitch avait proposé — et vigoureuse-
ment défendu — le mot d'ordre de la restitution
aux paysans des « parcelles » dont ils avaient
été dépossédés par la réforme de 1861.

Il lui semblait que, pour atttirer la paysannerie,
il fallait poser une revendication concrète intéressant le plus possible les paysans, comme
l'avaient fait les social-démocrates, lorsqu'ils
avaient commencé l'agitation parmi les ouvriers
en proposant de lutter pour obtenir de l'eau
bouillante [1], pour la réduction de la journée de
travail, pour le paiement régulier des salaires.

L'année 1905 obligea Vladimir Ilitch à reviser
cette question. Par ses entretiens avec Gapone,
paysan d'origine, qui se maintenait en liaison

---

1. Pour la préparation du thé.

avec les milieux paysans, par ses conversations avec Matiouchenko, matelot du *Potemkine*, et avec un grand nombre d'ouvriers arrivés de Russie et parfaitement au courant de ce qui se passait à la campagne, il se rendit compte que le mot d'ordre de la restitution des parcelles était insuffisant et qu'il fallait en proposer un autre plus large, c'est-à-dire la confiscation des terres seigneuriales, domaniales et ecclésiastiques. Ce n'était pas par suite d'une vaine curiosité que Lénine s'était plongé auparavant dans l'étude des recueils de statistique. Il avait recueilli des données, il avait longuement médité sur les rapports économiques existant entre la ville et la campagne, entre la grande et la petite industrie, entre la classe ouvrière et la paysannerie. Il voyait que le moment était venu où ces rapports économiques devaient servir de base à une puissante influence politique du prolétariat sur la paysannerie.

Un jour Gapone pria Vladimir Ilitch d'entendre la lecture d'un appel qu'il venait de composer et qu'il se mit à lire avec emphase. Cet appel était rempli de malédictions à l'adresse du tsar. « Nous n'avons pas besoin de tsar, la terre n'aura plus qu'un seul maître, Dieu, dont vous serez tous les fermiers ! » (A cette époque, le mouvement paysan se déroulait précisément sous le signe de la lutte pour la réduction du fermage.) Vladimir Ilitch éclata de rire : l'image était par trop naïve, mais d'autre part, le lien rattachant Gapone à la masse apparaissait avec évidence : paysan lui-même, il attisait chez les ouvriers, encore à demi liés au village, leur soif immémoriale de la terre.

L'hilarité de Vladimir Ilitch troubla Gapone. « Il y a peut-être quelque chose qui ne va pas, dit-il, indiquez-moi, je ferai la rectification nécessaire. » Vladimir Ilitch reprit aussitôt son sérieux. « Non, répondit-il, ce ne serait plus la même chose, mes idées suivent un cours tout différent, écrivez comme vous l'entendez, cela vaudra mieux. »

Voici une autre scène. Cela se passait déjà après le troisième congrès, après la révolte du *Potemkine*. Les mutins avaient été internés en Roumanie et se trouvaient en proie à la plus profonde misère. A cette époque, Gapone touchait de fortes sommes pour ses mémoires ; de plus, les dons destinés à l'œuvre de la révolution affluaient vers lui de toutes parts, et il passait des journées entières à faire des achats de vêtements pour les mutins du *Potemkine*. Le matelot Matiouchenko, un des principaux artisans de la révolte, arriva à Genève. Il se lia aussitôt avec Gapone ; ils devinrent inséparables.

A la même époque, nous reçûmes la visite d'un gars de Moscou (dont je ne me rappelle plus le nom de guerre), un commis de librairie aux joues rouges, social-démocrate depuis peu de temps, qui nous avait apporté un message de Moscou. Il nous raconta comment et pourquoi il était devenu social-démocrate, puis il se mit à nous expliquer la raison de la justesse du programme du Parti, et enfin à l'exposer point par point avec l'ardeur d'un néophyte. Cela finit par ennuyer Vladimir Ilitch, qui s'en alla à la bibliothèque, me laissant le soin d'offrir du thé au jouvenceau et de tirer de lui tout le parti possible. Celui-ci continua sa dissertation. Gapone et Matiouchenko entrèrent à ce moment. Je m'apprêtai à leur offrir du thé, à eux aussi, mais le gars en était précisément à l'exposé des « parcelles ». Comme il allait démontrer que les paysans devaient s'en tenir à la lutte pour les parcelles, Matiouchenko et Gapone sursautèrent en hurlant : « Toute la terre au peuple ! »

J'ignore ce qui se serait passé sans l'arrivée d'Ilitch. Ayant saisi, en un clin d'œil, de quoi il retournait, il évita la discussion et emmena Gapone et Matiouchenko dans sa chambre. Quant à moi, je fis tout mon possible pour me débarrasser au plus tôt du visiteur.

Lors de la conférence qui eut lieu en décembre à Tammerfors, Ilitch proposa d'éliminer complètement du programme l'article sur les parcelles.

On le remplaça par l'article sur le soutien des entreprises révolutionnaires de la paysannerie, y compris la confiscation des apanages, des terres seigneuriales, ecclésiastiques et domaniales.

Le social-démocrate allemand Kautsky, dont l'influence était considérable à cette époque, envisagea la chose sous un point de vue tout différent. Il écrivit alors dans la *Neue Zeit* que le mouvement révolutionnaire urbain en Russie devait rester neutre dans la question des rapports entre la paysannerie et les grands propriétaires fonciers.

Kautsky, depuis longtemps, a trahi la cause ouvrière, mais, à l'époque, il était considéré comme un social-démocrate révolutionnaire. Lorsque, vers la fin du siècle dernier, Bernstein, autre social-démocrate allemand, leva l'étendard de la lutte contre le marxisme en démontrant qu'il fallait reviser la doctrine de Marx, qui comportait soi-disant beaucoup de théories surannées, que le but (le socialisme) n'était rien et que le mouvement était tout, Kautsky prit ouvertement la défense de la doctrine de Marx contre Bernstein. La brochure qu'il écrivit à ce sujet (*Anti-Bernstein*) fut envoyée par Potressov à Vladimir Ilitch, alors en Sibérie, qui la lut avec intérêt. Nous en fîmes la traduction en quinze jours pour nos camarades déportés. Kautsky jouissait alors de la réputation du disciple de Marx le plus révolutionnaire et le plus conséquent. C'est pourquoi son opinion troubla et chagrina Vladimir Ilitch, qui, néanmoins, prit sa défense en disant que la thèse de Kautsky était peut-être juste pour l'Europe occidentale, mais que la révolution russe ne pouvait être victorieuse qu'en s'appuyant sur la paysannerie.

Toutefois cette appréciation poussa Lénine à contrôler la justesse de l'exposition du point de vue de Marx et d'Engels par Kautsky. Il étudia les vues de Marx sur le mouvement agraire américain de 1848, la position d'Engels en 1885 à l'égard de Henry George. En avril, il publiait

déjà un article : « Marx et le « partage égalitai-
re » américain[1] ».

Cet article se terminait par ces mots :

Nous doutons qu'il y ait au monde un autre pays
où les paysans opprimés et abreuvés d'outrages
aient à souffrir autant qu'en Russie. Mais le réveil
des paysans sera d'autant plus puissant et leur pous-
sée révolutionnaire d'autant plus irrésistible que l'oppression a été plus forte. Le devoir du prolétariat
révolutionnaire conscient est de soutenir cette pous-
sée par tous les moyens, afin qu'elle ne laisse pas
pierre sur pierre de la maudite vieille Russie, qui
fut celle de l'autocratie, du servage et de l'esclavage,
afin qu'elle donne naissance à une nouvelle génération d'hommes libres et hardis, afin qu'elle crée
un nouveau pays républicain où notre action prolétarienne pour le socialisme se déploiera largement.

A Genève, le centre bolchévik nichait au coin
de la fameuse rue de Carouge, peuplée d'émigrés russes et de l'Arve. C'est là que se trouvaient
la rédaction du *Vpériod*, l'expédition, la popote
bolchévik des Lépiochinsky, là que demeuraient
les Bontch-Brouiévitch, les Liadov (Mandels-
tamm), les Iline, Orlovsky, Olminsky et plusieurs
autres fréquentaient chez les Bontch-Brouiévitch.

Rentré en Russie, Bogdanov s'entendit avec
Anatole Lounatcharsky, qui arriva à Genève et
entra à la rédaction du *Vpériod*. C'était un brillant orateur, qui contribua pour une grande part
à la consolidation des positions bolchéviks. A

---

1. Voir cet article au tome VII, p. 257, des *Œuvres com-
plètes* de Lénine (Editions sociales internationales).

partir de ce moment, Vladimir Ilitch se montra
fort bien disposé pour Lounatcharsky, il se ré-
jouissait de le voir, et fit même preuve d'une certaine partialité à son égard à l'époque des divergences avec les partisans du *Vpériod*. De son
côté, Lounatcharsky était particulièrement gai et
spirituel en sa présence. Je me souviens d'un
jour — c'était, je crois, en 1919 ou en 1920 — où
Lounatcharsky, de retour du front, faisait part
de ses impressions à Vladimir Ilitch, dont les
yeux pétillaient en l'écoutant.

Lounatcharsky, Vorovsky, Olminsky, quel pré-
cieux renfort pour le *Vpériod!* Un perpétuel sourire illuminait Vladimir Bontch-Brouiévitch, qui
s'occupait de toute l'administration et qui édi-
fiait toute sorte de plans grandioses en donnant
tous ses soins à l'imprimerie.

Les bolchéviks se retrouvaient presque tous
les soirs au café Landold, où ils passaient des
heures, attablés devant une chope de bière, à
discuter des événements qui se déroulaient en
Russie et à esquisser leurs plans.

Beaucoup partaient, d'autres se préparaient à
partir.

En Russie, on faisait de l'agitation pour le
troisième congrès, dont la convocation était absolument indispensable étant donné les changements survenus dans la situation depuis le
deuxième congrès et l'apparition d'une foule de
problèmes nouveaux. La plupart des comités se
prononcèrent pour le congrès. On constitua un
« Bureau des comités de la majorité ». Le Comité

central coopta quantité de nouveaux membres,
parmi lesquels se trouvaient également des menchéviks. Dominé par les « conciliateurs », il
entravait par tous les moyens la convocation du
troisième congrès. La plupart de ses membres
ayant été arrêtés à Moscou lors d'une réunion
chez l'écrivain Léonid Andréiev, ceux qui étaient
restés en liberté acceptèrent la convocation du
congrès, qui fut tenu à Londres. Une évidente
majorité devait s'y prononcer pour les bolchéviks. C'est pourquoi les menchéviks ne s'y ren-
dirent point et envoyèrent leurs délégués à
Genève pour y tenir une conférence.

Le C.C. délégua au congrès Sommer (Marc,
Lioubimov) et Winter (Krassine). Marc avait
une mine des plus renfrognée. Krassine était
naturel, comme si de rien n'était. Les délégués
attaquèrent furieusement le C.C. à cause de sa
position conciliatrice. Marc, plus sombre qu'une
nuée d'orage, gardait le silence. Krassine, la joue
appuyée sur sa main, se taisait également, impas-
sible comme si tous ces discours pleins de fiel
ne l'eussent nullement concerné. Lorsque son
tour arriva de parler, il lut son rapport d'une
voix calme sans même répondre aux accusations, et tous virent clairement que tout était
dit, qu'il avait rejeté tout ce qu'il y avait en lui
de conciliateur, qu'il prenait rang désormais
parmi les bolchéviks et qu'il serait avec eux jusqu'à la fin.

Les militants connaissent maintenant tout le
travail fourni par Krassine et la responsabilité

qu'il assuma pendant la révolution de 1905 :
armement des combattants, direction de la fabri-
cation des munitions, etc. Tout cela se faisait en
secret, sans bruit, mais avec une énergie sans
pareille. Plus que quiconque, Vladimir Ilitch connaissait le travail de Krassine et tenait celui-ci
en grande estime.

Il y avait quatre délégués du Caucase: Mikha
Tskhakaïa, Aliocha Djaparidzé, Lehmann et
Kaménev, munis de trois mandats seulement.
Vladimir Ilitch les interrogea: « A qui donc
appartiennent les mandats? Vous êtes quatre et
il n'y en a que trois. Qui a recueilli le plus grand
nombre de voix? » Mikha répondit avec indignation: « Est-ce qu'on vote chez nous au Caucase? Nous décidons toutes les affaires entre
camarades. On nous a envoyés tous les quatre,
et le nombre des mandats n'a aucune importance. » Il se trouva que Mikha était le plus
âgé de tous les membres du congrès, il avait
alors 50 ans. Il fut chargé en conséquence d'ouvrir le congrès.

Le comité de Polessie avait délégué Liova
Vladimirov. Nous lui avions écrit à plusieurs
reprises au sujet de la scission, mais nous
n'avions rien pu tirer de lui. En réponse aux lettres dans lesquelles nous lui décrivions les agis-
sements des partisans de Martov, nous recevions
des rapports sur la diffusion des tracts, le nombre des grèves, des manifestations qui avaient
eu lieu en Polessie. Au congrès, Liova se tint
en bolchévik convaincu.

De Russie arrivèrent encore au congrès Bogdanov, Postalovsky (Vadime), Roumiantsev (P.P.),
Rykov, Sammer, Zemliatchka, Litvinov, Skrypnik, Bour Chklovsky, Kramolnikov et autres.

L'effervescence du mouvement ouvrier en Russie se répercutait dans tous les travaux du congrès. On y adopta des résolutions sur l'insurrection armée, sur le gouvernement révolutionnaire
provisoire, sur la tactique du gouvernement à la
veille du coup d'Etat, sur la question de l'inter-
vention ouverte du Parti ouvrier révolutionnaire
social-démocrate russe, sur l'attitude à adopter
à l'égard du mouvement paysan, des libéraux,
des organisations social-démocrates nationales,
sur la propagande et l'agitation, sur la fraction
séparée du Parti, etc.

Sur la proposition de Vladimir Ilitch, rapporteur sur la question agraire, l'article sur les
« parcelles » fut relégué aux commentaires et
la question de la confiscation des terres seigneuriales, domaniales et ecclésiastiques passa au
premier plan.

Deux autres questions caractérisèrent le troisième congrès: celle des deux centres et celle des
rapports entre ouvriers et intellectuels.

L'élément prédominant au 2ᵉ congrès était
constitué par des littérateurs et des prati-
ciens ayant beaucoup travaillé pour le Parti sous
une forme ou sous une autre, mais qui n'étaient
reliés aux organisations russes, encore en voie
de formation, que par des liens très fragiles.

Le 3ᵉ congrès présentait déjà une tout autre

physionomie. A cette époque, les organisations s'étaient entièrement constituées en Russie, c'étaient des comités clandestins fonctionnant en secret dans les plus dures conditions. Par suite, les comités ne comportaient presque jamais d'ouvriers, mais leur influence sur le mouvement ouvrier était considérable. Les tracts, les « prescriptions » du comité répondaient à l'état d'esprit des masses ouvrières qui sentaient une direction; aussi les comités jouissaient-ils d'une grande popularité, en outre leurs actes apparaissaient entourés de mystère aux yeux de la plus grande partie des ouvriers. Souvent, ceux-ci se réunissaient entre eux afin de traiter les questions primordiales du mouvement. On reçut au 3ᵉ congrès une déclaration émanant de 50 ouvriers d'Odessa au sujet des principaux points de divergence entre mencheviks et bolcheviks et indiquant qu'il n'y avait pas un seul intellectuel présent au cours de la discussion.

Le « comitard » était ordinairement un personnage plein d'assurance, car il voyait l'énorme influence que l'action du comité exerçait sur les masses; en règle générale, il n'admettait pas de démocratisme au sein du Parti : « Il n'en résulte que des arrestations, nous sommes bien assez liés au mouvement sans cela », disait-il, en son for intérieur; il avait toujours un peu de mépris pour « ceux de l'étranger », qui « étouffent dans leur graisse et sèment la discorde: qu'ils tâtent donc un peu des conditions russes! » Le « comitard » n'admettait pas l'autorité émanant de « l'étranger ». En même temps il ne voulait pas d'innovations. Il ne voulait pas et ne savait pas s'adapter aux changements de circonstances.

Pendant la période de 1904-1905, les « comitards » fournirent un travail écrasant, mais la plupart ne s'adaptèrent qu'avec la plus grande difficulté aux possibilités croissantes de légalité et de lutte ouverte.

Il n'y eut pas d'ouvriers au 3ᵉ congrès, en tout cas, il n'y en eut pas un seul tant soit peu remarquable. Le surnom de « Babouchkine » ne désignait nullement l'ouvrier de ce nom, qui était alors en Sibérie, mais, si je m'en souviens bien, le camarade Chklovsky. Par contre, il s'y trouvait beaucoup de « comitards ». Ceux qui n'auraient pas en vue cette particularité du 3ᵉ congrès ne comprendraient pas grand'chose aux procès-verbaux.

La question de la « mise à la raison des éléments fixés à l'étranger » fut soulevée non seulement par les « comitards », mais aussi par d'autres militants notoires. Bogdanov était à la tête de l'opposition à « l'étranger ».

On parla un peu à tort et à travers sur ce sujet, mais Vladimir Ilitch ne s'en affligea pas outre mesure. Il estimait que, grâce à la révolution grandissante, « l'étranger » perdait de jour en jour son importance, il savait que lui-même ne devait plus demeurer longtemps à l'étranger et il se souciait surtout de faire informer rapidement l'organe central par le C.C. (l'organe central devait s'appeler dorénavant *le Prolétaire* et paraître provisoirement à l'étranger). Il insistait également sur l'organisation d'entrevues périodiques entre la partie étrangère et la partie russe du C.C.

La question de l'introduction de l'élément ouvrier dans les comités fut autrement épineuse.

Vladimir Ilitch défendait cette thèse avec une chaleur particulière. Bogdanov, les « étrangers » et les littérateurs en étaient également partisans, tandis que les « comitards » s'y opposaient. Vladimir Ilitch s'emballa, les « comitards » se montrèrent pour le moins aussi emportés. Ces derniers insistèrent pour ne pas adopter de résolution à ce sujet, car on ne pouvait dire dans une résolution spéciale qu'il ne fallait pas d'ouvriers dans les comités.

Au cours des débats, Vladimir Ilitch fit cette déclaration: « Je pense qu'il convient d'envisager les choses avec plus d'ampleur. L'introduction des ouvriers dans les comités est une tâche non seulement pédagogique, mais politique. Les ouvriers ont un instinct de classe et, lorsqu'ils ont acquis une certaine expérience politique, ils deviennent assez vite des social-démocrates fermes. Je serais tout à fait d'avis de faire entrer des ouvriers dans nos comités, dans la proportion de huit ouvriers pour deux intellectuels. Si le conseil, émis dans notre littérature, d'introduire, dans la mesure du possible, des ouvriers dans les comités n'a pas été suffisant, il serait utile de le donner au nom du congrès. Si vous

remportez de cette assemblée une direction claire
et précise, vous serez en possession d'un moyen
de lutte radicale contre la démagogie: voilà la
volonté nette du congrès. »

Auparavant déjà, Vladimir Ilitch avait insisté
à plusieurs reprises sur la nécessité d'installer
des ouvriers en aussi grand nombre que possible dans les comités. Il en avait déjà parlé en
1903 dans sa « Lettre à un camarade pétersbourgeois ». Aussi, en défendant ce même point de
vue au congrès, il s'échauffait terriblement, pla-
çait à tout moment des interruptions. Mikhaïlov
(Postalovsky) ayant déclaré: « Ainsi, en pratique, on n'a, vis-à-vis des intellectuels, que des
exigences fort minimes, tandis qu'elles sont
démesurément élevées en ce qui concerne les
ouvriers », Vladimir Ilitch s'écria : « Très vrai! »,
à quoi le chœur des « comitards » répondit aussitôt: « C'est faux! »

Roumiantsev ayant dit qu'il n'y avait qu'un
seul ouvrier dans le comité pétersbourgeois, bien
que l'action fût menée à Pétersbourg depuis une
quinzaine d'années, Vladimir Ilitch cria : « C'est
un scandale! »

Et ensuite, à la clôture des débats, Vladimir
Ilitch expliqua: « Je ne pouvais tenir en place
lorsque j'entendais dire qu'il n'y a pas d'ouvriers capables d'être membres de comité. La
question traîne en longueur, le Parti est malade
assurément. Il faut faire entrer les ouvriers dans
les comités. » Et s'il ne s'affligea pas outre
mesure de l'échec de son point de vue au con-

grès, ce fut uniquement parce qu'il savait que
la révolution imminente guérirait infailliblement
le Parti de sa phobie des comités ouvriers.

Une troisième question importante se posait
encore devant le congrès: celle de la propagande
et de l'agitation.

Je me souviens qu'un jour, à Genève, une
jeune personne arrivée d'Odessa était venue nous
trouver et se plaignait de ce que les ouvriers
exigeaient du comité des choses impossibles: ils
voulaient se charger de la propagande! Et elle
ajoutait: « Est-ce une chose possible? Nous ne
pouvons leur donner que l'agitation! »

Cette communication avait produit sur Ilitch
une assez forte impression et lui avait paru
comme une sorte d'introduction aux débats sur
la propagande. On reconnut avec Zemliatchka,
Mikha Tskhakaïa et Diesnitsky, que les anciennes formes de propagande étaient mortes, que la
propagande s'était transformée en agitation.
Etant donné le développement gigantesque du
mouvement ouvrier, la propagande orale et
même l'agitation en général ne pouvaient plus en
satisfaire les besoins: il fallait une littérature
populaire, un journal populaire, une littérature
pour les paysans, pour les nationalités de langues différentes...

La vie posait des centaines de questions nouvelles, dont la solution était impossible dans le
cadre de l'ancienne organisation clandestine. On
ne pouvait les résoudre qu'à l'aide d'un journal
quotidien paraissant en Russie et d'une large

édition légale. Toutefois, la liberté de la presse n'était pas encore conquise. On décida d'éditer en Russie un journal clandestin, d'y former un groupe de littérateurs qui s'occuperaient de la littérature populaire. Mais ce n'étaient là, évidemment, que des palliatifs.

On parla beaucoup également au congrès de la lutte révolutionnaire en cours. On adopta des résolutions sur les événements de Pologne et du Caucase. « Le mouvement prend une ampleur toujours plus grande, dit un délégué de l'Oural, il est temps de ne plus considérer l'Oural comme une région arriérée, endormie, incapable de se secouer. La grève politique à Lysva, les nombreuses grèves dans différentes usines, les signes divers de l'état d'esprit révolutionnaire, y compris la terreur agraire et usinière sous les formes les plus variées, tout indique que l'Oural est à la veille d'un grand mouvement révolutionnaire, qui revêtira très probablement la forme d'une insurrection armée. C'est dans l'Oural que, pour la première fois, les ouvriers ont lancé des bombes et sorti les canons (à l'usine Votkinsky). Camarades, n'oubliez pas l'Oural! »

Il va sans dire que Vladimir Ilitch s'entretint longuement avec le délégué de l'Oural.

Dans l'ensemble, le 3ᵉ congrès fixa rationnellement les directions de la lutte. Les menchéviks résolurent les mêmes questions d'une tout autre manière. Dans sa brochure *les Deux Tactiques de la social-démocratie dans la révolution démocra-*

tique, Vladimir Ilitch a mis en lumière la différence de principe existant entre les résolutions du 3e congrès et celles de la conférence menchévik.

De retour à Genève, je dus faire partie de la commission de rédaction des procès-verbaux du congrès avec Kamsky et Orlovsky. Kamsky repartit pour la Russie, Orlovsky était terriblement occupé. On entreprit la vérification des procès-verbaux à Genève, où un grand nombre de délégués s'étaient rendus après le congrès. A cette époque, il n'y avait ni sténographes, ni secrétaires spéciaux, et les procès-verbaux des séances étaient rédigés à tour de rôle par deux membres du congrès qui me les remettaient ensuite. Les membres du congrès n'étaient pas toujours de bons rédacteurs. Il va sans dire qu'il n'avait pas été possible de relire les procès-verbaux pendant le congrès. A Genève, à la popote des Lépiochinsky, on se mit à les contrôler avec le concours des délégués. Bien entendu, chaque délégué trouvait que sa pensée avait été mal rendue et voulait y apporter des modifications. C'était là chose interdite, et il n'était possible de faire des restrictions que lorsque les autres délégués en reconnaissaient le bien-fondé. La tâche était ardue et, naturellement, donna lieu à des incidents. Skrypnik (Stchensky) demanda à emporter chez lui les procès-verbaux et, comme on lui faisait observer qu'il faudrait, en ce cas, accorder la même faveur à tous les délégués, ce qui mettrait les documents dans un fâcheux état,

Il s'emporta et envoya à ce sujet au C.C. une protestation écrite en lettres d'imprimerie.

Une fois le gros du travail terminé, la rédaction des procès-verbaux demanda encore un temps assez long à Orlovsky.

En juillet arrivèrent les premiers procès-verbaux des séances du nouveau C.C. Ils annonçaient que les menchéviks de Russie n'étaient pas d'accord avec l'*Iskra* et avaient l'intention de la boycotter, que, tout en ayant examiné la question de l'appui au mouvement paysan, le C.C. n'avait encore rien entrepris, désirant se concentrer avec les agronomes.

Cette lettre nous parut laconique à l'excès.

La lettre suivante concernant le travail du C.C. le fut encore davantage.

Ilitch s'énervait de plus en plus. Après avoir respiré l'atmosphère russe au congrès, il lui semblait bien plus difficile de supporter l'éloignement de l'activité révolutionnaire.

Vers le milieu du mois d'août, Ilitch écrivit au C.C. en le conjurant de « cesser son mutisme » et de ne pas se borner à l'étude des questions entre soi. « Le C.C. doit avoir un vice de conformation », écrivait-il aux membres du C.C. russe.

Dans les lettres suivantes, il se montre furieux de ce que, malgré la décision prise, l'organe central ne reçoive pas d'information régulière.

Dans une lettre adressée en septembre à « Auguste », Vladimir Ilitch écrit : « Il serait utopique de s'attendre à une solidarité complète avec le C.C. ou ses agents. Nous ne sommes pour-

tant pas un cercle, mais un parti, cher ami! »
Répondant dans la même lettre à une objection
indignée au sujet de la diffusion par notre groupe
des tracts de Trotsky, Ilitch déclare: « ...On
imprime les tracts de Trotsky... quel mal y a-t-il
à cela si ces tracts sont supportables et recti-
fiés? »

Dans une lettre en date du 13 octobre 1905
adressée à Goussiev, il indique la nécessité de
mener de front la préparation à l'insurrection
armée et la lutte syndicale, mais de mener cette
lutte dans un esprit bolchévik en combattant, là
aussi, les menchéviks.

On vit apparaître, à l'horizon genevois, les
signes précurseurs de la liberté de la presse. Des
éditeurs nous proposèrent à l'envi d'éditer léga-
lement nos brochures clandestines publiées à
l'étranger. L' « Albatros » d'Odessa, les éditions
Malykh et autres, tous nous firent des offres de
service.

Le C.C. nous recommanda de nous abstenir
de la conclusion de tout contrat, vu qu'il se pro-
posait d'installer une maison d'édition.

Dans le début d'octobre, il fut question du
voyage d'Ilitch en Finlande pour une entrevue
avec le C.C. Mais le cours des événements donna
une autre tournure à cette entreprise et Vladimir
Ilitch se prépara à se rendre en Russie. Je devais
rester encore une quinzaine de jours à Genève

afin de liquider les affaires. J'aidai Ilitch à mettre en ordre ses papiers et ses lettres, qui furent rangés dans des enveloppes d'Ilitch annota lui-même de sa main. Tout cela fut emballé dans une valise et confié au camarade Karpinsky, me semble-t-il. Cette valise a été conservée et remise à l'Institut Lénine après la mort d'Ilitch. Elle contenait une quantité de documents et lettres qui jettent une vive lumière sur l'histoire du Parti.

En septembre, Ilitch écrivait au C.C. :

En ce qui concerne Plékhanov, je vous communique pour votre gouverne les bruits qui circulent ici. Il est visiblement irrité contre nous à cause de nos révélations devant le Bureau international. Il crie comme un putois dans le numéro 2 du *Cahier du social-démocrate*. On parle tantôt de la parution de son journal, tantôt de son retour à l'*Iskra*. Conclusion : il faut se méfier de lui plus que jamais.

Et, le 8 octobre, Vladimir Ilitch continue :

Je vous prie instamment d'abandonner entièrement à présent l'idée de Plékhanov et de désigner un délégué parmi les bolchéviks. Il serait bon de désigner Orlovsky.

Mais lorsqu'on apprit qu'il était possible d'installer un quotidien en Russie, Ilitch, déjà en instance de départ, écrivit à Plékhanov une lettre chaleureuse dans laquelle il l'invitait à collaborer au journal.

Notre révolution balaie elle-même avec une rapidité surprenante les divergences tactiques. Voici que se constitue un terrain sur lequel l'oubli du passé, l'entente pour une œuvre vivante seront singulièrement facilités...

Ilitch terminait en demandant une entrevue. Je ne me rappelle pas si elle eut lieu. Il est probable que non, car ce fait ne se serait pas effacé de ma mémoire.

Plékhanov n'alla pas en Russie en 1905.

Le 26 octobre, Ilitch traitait par lettre les détails de son retour en Russie. « Par Dieu! nous avons une fameuse révolution en Russie », écrit-il. Et, répondant à la question du moment de l'insurrection : « J'aimerais bien différer l'insurrection jusqu'au printemps. Mais, après tout, on ne nous demande pas notre avis. »

Comment Lénine vivait
à l'étranger

On écrit beaucoup à présent sur Vladimir Ilitch. Fréquemment, on le représente comme un ascète, un petit bourgeois vertueux, un homme d'intérieur. On dénature ainsi sa physionomie. Il n'était rien de tout cela. C'était un homme à qui rien d'humain n'était étranger. Il aimait la vie sous ses formes les plus variées et l'aspirait avec avidité.

On dépeint notre vie comme une vie de privations. Ce n'est pas exact. Nous n'avons pas connu le besoin consistant à ne pas avoir de quoi se procurer du pain. Les camarades émigrés étaient-ils tous dans la même situation ? Il y en avait qui, sans travail pendant deux ans, ne recevant pas d'argent de Russie, mouraient littéralement de faim. Cela ne nous est jamais arrivé. Nous vivions simplement, c'est vrai. Mais est-ce que la joie de la vie consiste dans le luxe et l'abondance ?

Vladimir Ilitch savait prendre les joies de la vie. Il aimait beaucoup la nature. Déportés en Sibérie et, plus tard, émigrés en Europe occidentale, nous allions régulièrement en dehors de la ville pour respirer à pleins poumons ; nous avancions aussi loin que possible et rentrions chez nous, ivres d'air, de mouvement, d'impressions. Notre genre de vie différait sensiblement de celui des autres émigrés. Ils aimaient pour la plupart les interminables causeries, les bavardages près d'un verre de thé, dans des nuages de fumée. Ces bavardages fatiguaient énormément Vladimir Ilitch, qui s'arrangeait toujours pour partir en promenade.

Je me rappelle un épisode de la première année de notre vie d'émigrés, à Munich. Nous avions emmené un jour Martov et Anna Ilinitchna [1] pour leur montrer notre endroit de prédilection, sur la rive escarpée de l'Isar, où l'on n'accédait qu'en se glissant à travers des buissons. Au bout d'une demi-heure ils étaient fourbus et de si mauvaise humeur que nous nous empressâmes de les faire passer en barque dans les quartiers civilisés de la ville, après quoi nous nous rendîmes seuls à « notre » emplacement.

Même à Londres, nous trouvions moyen de gagner la campagne, et pourtant il n'est guère facile de sortir de cette ville monstre, enfumée et embrumée, surtout lorsqu'on ne veut pas dépenser plus d'un penny et demi pour l'omnibus.

------

1. La sœur aînée de Lénine.

Par la suite, en Suisse, lorsque nous pûmes nous procurer des bicyclettes, le cercle de nos excursions s'élargit considérablement. Je me souviens que Véra Zassoulitch dit un jour, à Londres, à un camarade qui se représentait Ilitch claquemuré du matin au soir au British Museum et qui se montrait fort étonné de le voir se préparer à une promenade : « Mais il aime passionnément la nature ! » Je me dis aussitôt : « C'est pourtant vrai ».

Vladimir Ilitch aimait aussi à étudier la vie locale. Où n'avons-nous pas pénétré ensemble à Munich, à Londres et à Paris ! Il lisait assidûment les annonces des réunions socialistes dans la banlieue, dans les petits cafés, dans les églises anglaises. Il voulait voir la vie de l'ouvrier allemand, anglais, français, entendre ce qu'il disait non pas dans les grandes assemblées, mais dans son petit cercle habituel, savoir ce qu'il pensait, quels rêves l'agitaient. A quelles réunions électorales n'avons-nous pas assisté à Paris ! Nous connaissions la vie des ouvriers du pays dans lequel nous habitions bien mieux que ne la connaissent ordinairement les émigrés.

Je me souviens qu'à Paris nous eûmes une période d'engouement pour la chanson révolutionnaire française. Vladimir Ilitch fit la connaissance de Montéhus, talentueux compositeur et exécuteur de chansons révolutionnaires. Fils de communards, Monthéus était le favori des quartiers ouvriers. A un moment donné, Ilitch aimait à chantonner son « Salut, salut à vous, braves soldats du 17ᵉ » adressé à des soldats français qui avaient refusé de tirer sur des grévistes. Il aimait aussi une chanson de Monthéus ridiculisant les députés socialistes, élus par des paysans inconscients, et qui vendent la liberté nationale moyennant une indemnité parlementaire de 15.000 francs...

Nous nous mîmes à fréquenter les théâtres. Ilitch cherchait dans la rubrique des spectacles la salle de faubourg dans laquelle Montéhus devait chanter. Armés d'un plan de Paris, nous arrivions dans un faubourg éloigné. Nous assistions avec la foule à une représentation, qui, la plupart du temps, se trouvait être une de ces niaiseries mi-sentimentales, mi-scabreuses dont la bourgeoisie française alimente si volontiers les ouvriers, après quoi Montéhus faisait son entrée. Les ouvriers l'accueillaient par une tempête d'applaudissements et lui, en veste de travail, un foulard noué autour du cou à la manière des ouvriers français, leur chantait des chansons d'actualité, persiflait la bourgeoisie, chantait la rude vie du travailleur et la solidarité ouvrière. La foule des faubourgs parisiens est une foule ouvrière, elle réagit instantanément au moindre fait ; à l'élégante au grand chapeau, que toute la salle se met à huer copieusement, aussi bien qu'au contenu de la pièce. « Gredin ! » crie l'ouvrier à l'acteur représentant un propriétaire faisant des propositions honteuses à sa jeune locataire. Ilitch aimait à se plonger dans cette masse ouvrière. Montéhus vint chanter une fois à l'une de nos soirées russes, et il s'attarda ensuite à s'entretenir avec Vladimir Ilitch de la future révolution mondiale. Le fils du communard et le bolchévik russe la rêvaient chacun à leur façon. Pendant la guerre, Montéhus se mit à composer des chansons patriotiques.

Nous nous passionnâmes aussi pour les réunions électorales où les ouvriers se rendaient avec leurs mioches, n'ayant personne pour les garder à la maison. Nous écoutions parler les orateurs, observions ce qui touchait, électrisait la foule ; nous admirions la puissante carrure d'un ouvrier forgeron attachant sur l'orateur un regard enthousiasmé et la frêle silhouette de son jeune fils qui, serré contre son père, buvait non moins avidement les paroles tombant de la tribune. Nous allions entendre un député socialiste parler devant un auditoire ouvrier, puis nous le suivions dans une réunion d'intellectuels, de fonctionnaires, et nous constations que, dans ce milieu petit-bourgeois, il exprimait les grandes et généreuses idées qui avaient fait vibrer la foule ouvrière sous une forme édulcorée qui les rendait plus ou moins acceptables à son nouvel auditoire. Il fallait bien conquérir le plus grand nombre de voix possible. Et, en rentrant de la réunion, Ilitch ronronnait tout le long du chemin la petite chanson de Montéhus sur le député socialiste.

A Londres nous allions à Hyde Park pour écouter les orateurs de rues. L'un parlait de Dieu ; l'autre, de la vie misérable des employés ;

un troisième, des cités-jardins. Nous allions aussi
à White Chapel, le quartier juif de Londres, et
prenions contact avec les matelots russes, la population indigente juive ; nous écoutions leurs
chants, pleins de tristesse et de désespoir. Nous
nous rendions dans un cercle, où un jeune socialiste faisait un rapport sur le socialisme municipal, tandis qu'un vieux membre du Parti, que
nous avions vu figurer la veille en qualité de
prêtre socialiste à un singulier service divin dans
l'église socialiste des « Sept-Sœurs », où il expliquait que la sortie des Hébreux d'Egypte était
tout simplement la figure du passage des ouvriers
du royaume du capitalisme au royaume du socialisme, accusait le jeune rapporteur d'opportunisme.

Savoir observer la vie, la vie humaine, sous ses
formes multiples, dans ses manifestations variées, y percevoir des résonances à ses propres
sentiments, n'est-ce pas là jouir de la vie et est-
ce là le fait d'un ascète ?

Vladimir Ilitch aimait ses semblables. Il ne
garnissait pas sa table des portraits de ceux
qu'il aimait, comme on l'a écrit récemment. Mais
il savait aimer avec passion. C'est ainsi qu'il aimait, par exemple, Plékhanov. Celui-ci joua un
grand rôle dans le développement de Vladimir
Ilitch, il l'aida à trouver la voie révolutionnaire
juste, aussi Plékhanov fut-il pendant longtemps
entouré à ses yeux d'une auréole ; la moindre
divergence avec Plékhanov lui était extrêmement
douloureuse. Même après la scission, il suivait

attentivement les paroles de ce dernier. Avec quelle joie il répétait après lui : « Je ne veux pas mourir en opportuniste » ! Même en 1914, au moment de la déclaration de guerre, Vladimir Ilitch était en proie à une extrême surexcitation en se préparant à parler contre la guerre dans un meeting où Plékhanov devait prendre la parole. « Serait-il possible qu'il ne comprenne pas ? », disait-il. Dans les souvenirs de P.N. Lépiochinsky on trouve un passage tout à fait invraisemblable. Lépiochinsky y relate que Vladimir Ilitch lui aurait dit un jour : « Plékhanov est mort, quant à moi, je suis vivant ». Cela n'est pas possible. Il y eut sans doute une autre nuance qui échappa à Lépiochinsky. Jamais Lénine ne s'opposa à Plékhanov.

Les jeunes camarades qui étudient l'histoire du Parti ne se rendent probablement pas compte de ce que fut la scission avec les menchéviks.

Vladimir Ilitch n'aimait pas seulement Plékhanov, il avait aussi une grande affection pour Zassoulitch et Axelrod. « Tu vas voir Véra, c'est un être d'une pureté cristalline », me dit-il le soir même de mon arrivée à Munich. Pendant longtemps il entoura également Axelrod d'une auréole particulière.

Peu de temps avant sa mort, il me demanda des nouvelles d'Axelrod; il me montra son nom dans un journal d'un air interrogateur en articulant « Quoi ? », désirant que je m'informasse par téléphone auprès de Kaménev, et il écouta attentivement mon récit. Un autre jour, je lui parlai de

A. Kalmykova et, comme il me dit de nouveau
« Quoi ? », je compris qu'il désirait des nouvelles
de Potressov. Je lui fis part de ce que je savais
et lui demandai : « Faut-il m'enquérir plus en
détail ? » Il secoua négativement la tête. « On
dit que Martov va bientôt mourir aussi », me
dit-il peu de temps avant de perdre l'usage de
la parole. Et il y avait de la douceur dans ces
mots.

Jamais l'affection qu'il éprouvait pour quelqu'un n'influença sa position politique. Si attaché
qu'il fût à Plékhanov ou à Martov, il rompit poli-
tiquement avec eux dès que l'intérêt de la cause
l'exigea.

Mais, en raison de ses amitiés personnelles, les
scissions lui étaient incroyablement pénibles. Au
deuxième congrès, lorsque l'imminence de la scission avec Axelrod, Zassoulitch, Martov et autres
se fit nettement sentir, je me souviens de la dou-
leur qu'éprouva Vladimir Ilitch; ses forces ne se
seraient pas brisées si tôt, s'il avait été moins
ardent dans ses affections. La loyauté politique
— au sens véritable, profond, de ce terme — cette
loyauté qui consiste à savoir renoncer, dans tous
les jugements et actes politiques, à ses sympathies personnelles, n'est pas inhérente à tout le
monde, et ceux qui la possèdent la paient cher.

Vladimir Ilitch avait toujours éprouvé un vif
intérêt pour ses semblables et il s'emballait volontiers pour les uns ou les autres. Il lui suffisait
d'apercevoir en quelqu'un une qualité intéressante pour s'attacher à lui. Je me souviens de sa

« passion » de deux semaines pour Nathanson,
dont le talent d'organisateur l'avait frappé. Il ne
jurait plus que par Nathanson. Il s'accrochait
particulièrement aux voyageurs venant de Russie. Et, sous l'influence des questions qu'il leur
posait, entraînés par son état d'esprit, il leur
arrivait, sans qu'ils s'en rendissent compte, de
lui laisser voir la meilleure partie de leur être
spirituel, celle qui se réflétait dans toute leur
activité. Ils poétisaient involontairement leur
travail en l'exposant à Ilitch.

Mais, si Vladimir Ilitch se passionnait pour les
gens, il se passionnait tout autant pour le travail.
L'un s'enchaînait à l'autre. Et c'est ce qui rendait
sa vie si riche, si intense, si complète. Il aspirait
la vie sous toutes ses formes complexes et variées.
Les ascètes ne vivent pas ainsi.

Avec cette conception de la vie et des hommes,
cette ardeur passionnée qu'il apportait en toutes
choses, Ilitch ne fut rien moins que le vertueux
petit bourgeois pour lequel on veut le faire passer quelquefois : homme d'intérieur modèle avec
femme, enfants, photographies des membres de
sa famille sur le bureau, livres, robe de chambre
ouatée, un petit chat sur les genoux, habitation
seigneuriale dans laquelle il se « repose » de la
vie publique. Le moindre de ses actes est vu à
travers le prisme d'une sentimentalité bourgeoise. Il vaudrait bien mieux s'abstenir de traiter
ce genre de thème.

Vladimir Ilitch ne méprisait rien tant que les
critiques, les commérages, l'immixtion dans la

vie personnelle des autres. Il n'admettait pas cette immixtion. Plus d'une fois, pendant notre séjour en exil, il m'en avait parlé, insistant sur la nécessité d'éviter avec soin toutes les histoires de déportés, provoquées d'ordinaire par les cancans, les ragots, la curiosité oisive, la rage de déchiffrer l'âme d'autrui.

A Londres, en 1902, il se produisit un violent conflit entre Vladimir Ilitch et une partie de la rédaction de l'*Iskra*, qui voulait juger un camarade pour un acte répréhensible commis pendant sa déportation. Cela ne se passa pas, naturellement, sans une grossière ingérence dans sa vie personnelle. Vladimir Ilitch protesta vivement contre ce fait et refusa nettement de prendre part à ce scandale, comme il l'appelait. On l'accusa par la suite d'avoir manqué de sensibilité.

Il me semble que la véritable sensibilité consistait précisément dans le refus de toucher brutalement à l'âme d'autrui.

De l'émigration à Pétrograd

Nous passâmes le dernier hiver (1916-1917) à Zurich. La vie n'était pas gaie. Les relations avec la Russie étaient interrompues : on ne recevait plus de lettres, personne n'arrivait plus. Nous nous tenions par habitude un peu à l'écart de la colonie d'émigrés, d'ailleurs fort peu nombreuse à cette époque à Zurich. Nous ne voyions que Gricha Oussiévitch, un jeune camarade charmant, qui fut tué au front par la suite, et qui entrait pour un instant tous les jours en sortant de la popote des émigrés. Le matin, nous voyions arriver assez régulièrement le « neveu de Zemliatchka », bolchévik que les privations avaient rendu fou. Ses vêtements étaient tellement déchirés et couverts de boue qu'on lui refusait l'accès des bibliothèques suisses. Il faisait tout son possible pour attraper Ilitch afin de discuter avec lui toute sorte de questions de principe et arrivait pour cela avant neuf heures, moment où Ilitch se rendait à la bibliothèque. Ces interviews

avec un fou n'étaient pas sans inconvénients et
nous avions pris l'habitude d'aller nous promener
au bord du lac en attendant l'ouverture de la
bibliothèque.

Nous occupions, dans un quartier ouvrier
suisse, une chambre assez peu confortable. Elle
se trouvait dans une vieille maison, sombre d'aspect, dont la construction remontait à peu près
au XVI° siècle, et l'on ne pouvait ouvrir les fenêtres que la nuit, car, pendant la journée, une in-
supportable odeur de saucisson pourri émanait
de la cour sur laquelle ouvrait une charcuterie.
Pour le même prix, nous aurions pu assurément
trouver quelque chose de mieux, mais nous
tenions à nos logeurs. C'étaient des ouvriers du
meilleur acabit, haïssant le capitalisme, condam-
nant instinctivement la guerre impérialiste. L'appartement était bien réellement « international »:
deux des chambres étaient occupées par nos logeurs, un menuisier et des cordonniers; une autre, par la femme et les enfants d'un boulanger
allemand sous les drapeaux ; une troisième, par
un Italien ; une quatrième, par des acteurs autri-
chiens ; la dernière, par nous autres, Russes.
Aucune manifestation de chauvinisme ne s'y donnait cours et, un jour, comme nous étions occupées, la patronne et moi, à cuire chacune notre
morceau de viande dans la cuisine, sur le fourneau à gaz, elle s'écria avec indignation: « Les
soldats doivent tourner leurs armes contre leurs
gouvernements ». Après cette sortie, Ilitch ne
voulut plus entendre parler de changer de cham-

bre et il salua la patronne avec encore plus d'empressement.

Malheureusement, les socialistes suisses n'étaient pas aussi révolutionnaires que la femme de l'ouvrier. Vladimir Ilitch avait essayé un moment de mener l'action à l'échelle internationale. On tint des réunions dans le petit café *Zum Adler*, dans une ruelle toute proche. Il y vint quelques bolchéviks russes et polonais, des socialistes suisses, quelques jeunes Allemands et Italiens. La première réunion compta environ quarante personnes. Ilitch y exposa son point de vue sur la guerre, sur la nécessité de condamner les chefs qui avaient trahi la cause du prolétariat ; il élabora un programme d'action. Quoique internationalistes, les étrangers furent interloqués par l'audace d'Ilitch. Je me rappelle le discours d'un représentant de la jeunesse suisse qui déclara qu'on ne pouvait pas se casser la tête contre un mur. Ce qui est certain, c'est que notre auditoire se mit à fondre et que, à la quatrième réunion, il ne vint plus que des Russes et des Polonais. On se sépara après quelques plaisanteries. C'est d'ailleurs à cette époque que des relations plus étroites furent nouées avec Fritz Platten et Willy Münzenberg.

Je me rappelle une scène remontant à une époque plus avancée. Nous nous étions rendus, un jour, dans un quartier élégant de Zurich. Soudain, nous nous trouvâmes nez à nez avec Nobs, le rédacteur d'un journal socialiste zurichois, qui attaquait à ce moment les gauches ; en apercevant Ilitch, Nobs fit semblant de monter en tramway; Ilitch le retint cependant et, tout en le tenant solidement par le bouton de son pardessus, il lui exposa son point de vue sur l'imminence de la révolution mondiale. Les efforts de Nobs pour se débarrasser de son adversaire enragé produisaient un effet comique, mais ceux d'Ilitch, cramponné au bouton de pardessus, pour convaincre son interlocuteur, me semblèrent tragiques. Cette formidable énergie ne trouvait pas à s'appliquer, cet infini dévouement aux masses laborieuses se perdait en vain, cette claire conscience du fait accompli ne servait de rien. Je ne sais pourquoi, mais je me rappelai alors un loup blanc du nord que nous avions vu, Ilitch et moi, au jardin zoologique de Londres et que nous avions longuement regardé. « Avec le temps tous les animaux s'habituent à la captivité, les ours, les tigres, les lions, nous expliqua la gardien. Seul le loup blanc du nord de la Russie ne s'habituera jamais à sa cage, il se jette jour et nuit contre les barreaux de fer». Essayer de convaincre Nobs, est-ce que cela n'équivalait pas à se jeter contre des barreaux de fer?

Nous nous préparions à partir pour la bibliothèque quand survint Bronsky, qui nous fit part de la révolution de Février. Ilitch eut un moment de trouble intense. Quand Bronsky nous eut quittés et que nous fûmes un peu remis de notre émotion, nous nous rendîmes au bord du lac, sous un abri où l'on affichait tous les jours les journaux suisses. C'était vrai, les télégrammes parlaient de la révolution en Russie.

Ilitch s'agita. Il pria Bronsky de lui trouver un contrebandier qui le ferait passer d'Allemagne en Russie. Nous apprîmes bientôt que le contrebandier ne pouvait le conduire que jusqu'à Berlin. En outre, ce contrebandier avait des accointances avec Parvus, et Vladimir Ilitch ne voulait pas avoir affaire à ce dernier qui s'était enrichi pendant la guerre et était devenu social-chauvin.

Il fallait trouver un autre moyen. Lequel? On aurait pu prendre la voie des airs, le risque d'être abattu importait peu. Mais où trouver l'avion magique capable de nous transporter dans la Russie en révolution ? Ilitch passait des nuits entières sans pouvoir dormir. Il me dit une nuit: « Tu sais, je pourrais partir avec le passeport d'un Suédois muet ». Je me mis à rire. « Cela ne prendra pas, tu pourrais parler en rêve. S'il t'arrivait de rêver des cadets, tu te mettrais à crier en dormant : Fripouilles! fripouilles! Et l'on verrait bien du coup que tu n'es pas Suédois.» En tout cas, ce dernier plan était plus réalisable que celui de s'envoler en avion. Ilitch écrivit à ce sujet en Suède, à Hanecki [1]. Mais, bien entendu, aucun résultat.

Quand il apprit qu'il lui était possible, avec l'aide des camarades suisses, d'obtenir un laissez-passer à travers l'Allemagne, Ilitch envisagea aussitôt l'affaire de façon pratique et fit tout son

____

1. Communiste polonais.

possible pour l'empêcher de ressembler à un arrangement avec le gouvernement allemand, ou même avec les social-chauvins allemands, et il s'efforça de tout mettre en règle juridiquement. L'entreprise était osée, non seulement en raison de la calomnie, de l'accusation de trahison qui le menaçaient infailliblement, mais aussi parce que nous n'étions nullement certains que l'Allemagne laisserait passer les bolchéviks et qu'elle ne les internerait pas. Plus tard, à la suite des bolchéviks, les menchéviks et d'autres groupes d'émigrés prirent le même chemin, mais personne ne se hasardait à faire les premiers pas.

Quand nous reçûmes une lettre de Berne annonçant que tout était arrangé et qu'on pouvait partir de là pour l'Allemagne, Ilitch déclara : « Nous partons par le premier train ». Nous n'avions plus que deux heures devant nous. Je tombai des nues. Il fallait liquider « toute la maison », rendre les livres à la bibliothèque, régler nos comptes avec la patronne, etc. « Pars seul, je te rejoindrai demain. » « Non, partons tous les deux ». La « maison » fut liquidée, les livres emballés, les lettres anéanties, un peu de linge et les quelques objets indispensables entassés dans une valise. Nous partîmes par le premier train. Nous aurions aussi bien pu ne pas nous presser, car on était aux fêtes de Pâques et notre départ fut quelque peu retardé.

Les bolchéviks qui rentraient en Russie se rassemblèrent à la Maison du Peuple de Berne. Avec nous partaient les Zinoviev, les Oussiévitch, inessa Armand, Kharitonov, Sokolnikov, Mikha Tskhakaïa, etc. Il y avait aussi une *bundiste* [1] accompagnée de son fils Robert, un ravissant bambin de quatre ans, tout bouclé, qui ne savait pas un mot de russe et ne parlait que le français. Radek, qui s'était fait passer pour Russe, était de la partie. Platten nous accompagnait.

Pendant tout le voyage nous n'adressâmes pas la parole à un seul Allemand ; aux environs de Berlin, des social-démocrates allemands montèrent dans un compartiment voisin, mais personne d'entre nous n'engagea la conversation avec eux et, seul, Robert, qui était entré dans leur compartiment, se mit à leur poser toutes sortes de questions.

Je ne sais pas s'ils répondirent à l'enfant, mais ils ne réussirent pas à poser la moindre question aux bolchéviks russes. Nous regardions par la fenêtre et nous étions frappés de l'absence complète d'hommes : rien que des femmes, des adolescents et des enfants dans les villes et les villages. On nous servit dans le wagon des côtelettes aux petits pois. On voulait évidemment nous montrer qu'en Allemagne on avait de tout en abondance. Tout se passa pour le mieux.

A Stockholm, nous fûmes accueillis par des discours, on arbora un drapeau rouge au milieu de la salle et on organisa un meeting. Je ne me souviens que très vaguement de cette ville, toutes mes pensées étaient déjà en Russie.

---

1. Membre du Bund.

Enfin, nous passâmes la frontière finlandaise. Nous étions chez nous et tout nous semblait beau : les wagons délabrés de troisième classe, les soldats russes, le paysage, tout. Au bout d'un instant, Robert était déjà perché dans les bras d'un soldat d'un certain âge, il lui avait passé sa menotte autour du cou, lui gazouillait quelque chose en français et mangeait un morceau de *paskha*[1] que le soldat lui avait offert. Nous nous collâmes aux fenêtres. Les quais des gares que nous traversions étaient encombrés de soldats. Oussiévitch se pencha à la fenêtre. « Vive la révolution mondiale ! » s'écria-t-il. Les soldats ahuris se mirent à dévisager les voyageurs. Un lieutenant au visage pâle passa plusieurs fois à côté de nous et, comme nous nous étions installés, Ilitch et moi, dans le wagon voisin, qui se trouvait presque vide, il s'assit près de lui et entama la conversation. Ce lieutenant était *jusqu'auboutiste*, Ilitch défendait également son point de vue, et il était, lui aussi, extrêmement pâle. Le wagon s'emplit peu à peu de soldats qui montaient sur les bancs pour mieux voir et entendre celui qui parlait contre la guerre en termes si compréhensibles. Leur attention allait en grandissant, leurs visages se faisaient de plus en plus graves.

Maria Ilinitchna, la sœur cadette de Vladimir Ilitch, nous attendait à Biéloostrov ainsi que Chliapnikov, Stahl et quelques autres. Il y avait

---

1. Sorte de gâteau que l'on préparait en Russie à l'occasion de la fête de Pâques et dans lequel il entrait principalement du fromage.

aussi des ouvrières. Stahl m'engagea vivement à leur adresser quelques paroles de bienvenue, mais j'étais muette d'émotion et je ne pus dire un mot. Ces camarades montèrent dans notre wagon et se mirent à nous raconter les événements. Nous arrivâmes bientôt à Pétrograd.

Les masses, ouvriers, soldats, matelots, s'étaient portées au-devant de leur chef. Comment l'avaient-elles reconnu ? Je ne sais. Tout autour de nous, c'était une mer humaine qui bouillonnait.

Qui n'a pas vu la révolution ne peut s'en imaginer la beauté majestueuse, triomphale.

Des drapeaux rouges, une garde d'honneur de marins de Cronstadt, les projecteurs de la forteresse Pierre-et-Paul illuminant la voie depuis la gare de Finlande jusqu'au palais de la Kchesinskaïa[1], des autos blindées, une chaîne d'ouvriers et d'ouvrières gardant la voie. On fait monter Ilitch sur une auto blindée. Il se met à parler. Il est entouré par tout ce qu'il a de plus cher au monde : les masses populaires.

____

1. Ballerine. Après la révolution de février 1917 les bolchéviks s'emparèrent de son palais où ils installèrent leur état-major.

A propos du passage de Lénine par l'Allemagne

Lorsque les bolchéviks résolurent de passer par l'Allemagne, ils comprenaient fort bien que la bourgeoisie en profiterait pour les représenter comme des traîtres, des vendus.

Néanmoins, la réalité dépassa toutes les prévisions. Après les thèses exposées par Lénine dès son arrivée, thèses dans lesquelles tout se trouvait clairement expliqué, la bourgeoisie sentit qu'une lutte à mort venait de s'engager. Sa rage ne connut plus de bornes. Elle savait qu'elle ne pouvait avoir le dessus en combat déclaré; aussi, avec l'aide des Alexinsky et de ses semblables, elle résolut d'agir par derrière en répandant l'odieuse calomnie de l'espionnage pour le compte de l'Allemagne. Cette calomnie fit boule de neige et obscurcit l'esprit de la population, et même celui des couches les plus arriérées de la classe ouvrière.

La situation n'était pas gaie pour Vladimir

Ilitch, qui se trouvait traqué de tous côtés. Pendant les journées de juillet 1917, il était déjà prêt à aller se remettre entre les mains du gouvernement afin d'essayer, par ce moyen, de sauver son honneur, si inséparablement lié à l'honneur du Parti... tout en sachant, en voyant que ce n'était pas une issue, mais tout simplement un suicide... Il hésita longtemps avant de se décider à se dérober aux poursuites.

Plus tard la calomnie tomba d'elle-même. Non pas que de nouvelles données eussent été produites, ou que ses ennemis eussent renoncé à la calomnie, mais simplement parce que les ouvriers et les paysans crurent à la justesse du point de vue des bolchéviks, à la droiture de Lénine.

Dans son livre *Dix jours qui ébranlèrent le monde*, John Reed [1] rapporte un petit fait remarquable. A la gare de Gatchina, les voyageurs d'un train de banlieue entourent une sentinelle et cherchent à la convaincre. « Sais-tu bien, lui dit un monsieur qui vient de se vanter d'être un révolutionnaire, lui aussi, et d'avoir été interné dans une forteresse, sais-tu bien que ton Lénine est un espion allemand ? » Le soldat interloqué lui répond : « Non, je ne le sais pas, je n'ai pas d'instruction, mais ce que je sais, c'est que tout ce que Lénine dit au sujet de la terre est juste. »

Les masses comprirent qu'elles avaient en Lénine un dévoué et ardent défenseur de leurs inté-

---

1. Révolutionnaire américain.

rêts et elles cessèrent de croire à la légende de l'espionnage...

Maintenant que l'on rassemble avec tant de soin tout ce qui concerne Lénine, il était également indispensable de réunir tous les documents concernant son passage à travers l'Allemagne.

Ces documents ont été soigneusement recueillis et publiés par un communiste suisse, le camarade Platten, qui rendit, à cette époque, d'immenses services aux bolchéviks.

Ce livre fait toute la lumière nécessaire sur l'histoire du wagon plombé.

Table des Matières

Imprimerie
centrale

8, rue Gérard
Paris - 13e

CE QU'IL FAUT LIRE

DE LÉNINE

La révolution prolétarienne .... 4 »
L'Etat et la révolution .... 5 »
Sur la route de l'insurrection .... 6 »
L'impérialisme, dernière étape du capitalisme 4 50
Pages choisies, 3 tomes à 12 fr. .... 36 »
Matérialisme et empiriocriticisme .... 60 »
Les débuts de la révolution russe (1917) .... 60 »
Les débuts de la première révolution russe (1905) .... 60 »
La période de l'Iskra (1900-1902) .... 60 »
Contre le courant (2 tomes) .... 40 »

SUR LÉNINE

Lénine marxiste, par N. Boukharine 1 25
Lénine et les paysans, par M. Gorki .... 9 »
Portrait authentique de Lénine, par H. Guilbeaux .... 12 »
Lénine, sa vie, son œuvre, par E. Iaroslavski 1 50
Lénine et le Parti communiste russe, par G. Molotov . 2 »
Lénine (1917), par Victor Serge .... 2 »
Plaidoyer pour Lénine (Réflexions sur la violence),
   par G. Sorel .... 15 »
Lénine, par L. Trotsky .... 12 »
Souvenirs sur Lénine, par Clara Zetkin .... 3 »
Lénine, par G. Zinoviev 0 75

BUREAU D'EDITIONS, 132, Faubourg Saint-Denis, Paris-10ᵉ
Compte Chèque postal 943-47